Eva-Maria Kiefer

VISIONEN DER GÖTTIN

Entdecke die Weisheitsgöttin in Dir

Ein Einweihungs-Set in den spirituellen Tantra-Yoga

WINDPFERD

1. Auflage 2002

Umschlaggestaltung: Marx, Grafik & ArtWork, unter Verwendung einer Illustration von Eva-Maria Kiefer
Illustrationen im Innenteil: Eva-Maria Kiefer
Lektorat: Sylvia Luetjohann
Gesamtherstellung: Schneelöwe Verlagsberatung & Verlag, Aitrang
ISBN 3-89385-387-1

Printed in Germany

Inhaltsverzeichnis

Einführung

Bildsymbole wirken tief. Welche Sprache man auch immer spricht, über das Bild findet ein den jeweiligen Sprachraum übergreifendes Verstehen statt. Sehen und Erkennen – letztlich Erkenntnis – sind Begriffe, die mit der bildlichen Wahrnehmung in Verbindung stehen. Das Bild hilft Dinge zu veranschaulichen, zu beschreiben und wiederzuerkennen. Es ist das Medium, um geistige Inhalte darzustellen und über Jahrtausende in visueller Form übermittelbar zu halten.

Auf diese Weise dienen auch die Erscheinungsformen der Göttin dazu, die Erkenntnisse der Alten über die Natur der Welt und die eigene Natur wiederzuentdecken. Als Mutter des Universums veranschaulicht die Göttin universelle makro- und mikrokosmische Zusammenhänge, die stets ihre Gültigkeit bewahren. Auch heute und im Alltag können wir – mit Hilfe der Visionen der Alten – die lebendige Kraft des Göttlichen erleben und uns durch sie zur Selbsterkenntnis und Verwirklichung führen lassen.

„Visionen der Göttin“ ist eine Einführung in Tantra und seine Symbole. Tantra ist die wohl älteste spirituelle Tradition, die Heilmethoden für Geist und Bewußtsein in ihrer praktischen Anwendung lebendig erhalten hat. Mit Hilfe der Erscheinungsformen der Göttin werden Meditationstechniken der Tantras beschrieben. Außerdem werden diese Formen als Heilmittel in der vedischen Astrologie genutzt.

Gedanken, Imagination und innere Erfahrung sollten nicht zeitweilige, stimmungsabhängige Erscheinungen sein, sondern unter der bewußten Kontrolle unseres Willens stehen. Tantra sieht dies als die Basis sowohl für spirituelle Erfahrung als auch für ein erfülltes Leben auf der materiellen Ebene.

Wir finden im Folgenden somit praktische Anregungen für die tantrische Meditation, aber auch Ideen zur kreativen Imagination. Für den Gebrauch künstlerischer Mittel im persönlichen Entwicklungsprozeß ist das Wissen der Göttin ebenfalls wertvoll und bietet Anregungen für eine kunsttherapeutische Nutzung.
Das äußere Bild dient letztlich der Darstellung des inneren Erlebens. Die Göttin gibt das Werkzeug zur Orientierung und bietet so eine Hilfestellung im Bereich des kreativen Ausdrucks allgemein. Sie schenkt damit einen Schlüssel zur eigenen Quelle.
Die als Karten beiliegenden traditionellen Meditationsmotive repräsentieren verschiedene Aspekte der Göttin.
Diese aus Grundformen aufgebauten Motive bieten in ihrer zentrierten Anordnung die Möglichkeit, die Gesetzmäßigkeiten der durch die Göttin beschriebenen Kraft zu fokussieren. Die abstrakte Eigenschaft der geometrischen Grundformen bildet, gleich einem Samen, die Basis für die Entfaltung der Formenvielfalt. Auf diese Weise ist es aber auch möglich, das sich ständig wandelnde Formenspiel der Erscheinungswelt in seiner Struktur zu erfassen und seinen Ursprung als den zentralen Punkt der Vereinigung aller Dualität zu erkennen.
Eine bloße Betrachtung des Motivs gleicht der Beurteilung einer Videokassette von außen. Es ist so, als würden wir die Gestaltung der Hülle begutachten, ohne jedoch den Film zu sehen. Wollen wir den Film betrachten, das heißt, den Inhalt der Motive erfassen, ist es nötig, den Blick zu zentrieren und nach einer Weile die Augen zu schließen, um über das Nachbild die eigene Reaktion zu erleben. Durch diese Form der Betrachtung können diese Symbole universeller Gesetzmäßigkeiten auch als eigene innere Stimme und Kraft erfahren werden.
In den Beschreibungen habe ich mich bemüht, den traditionellen Rahmen beizubehalten, so daß jeder selbst seine Entsprechungen und Interpretationen finden kann.

Die Auswahl der Meditationsmotive gibt zwar nur einen kleinen Ausschnitt aus einem umfassenden Zusammenhang wieder, eröffnet aber wohl doch einen Einblick in diese sehr alte ganzheitliche Wissenschaft und kann zu einer neuen Sichtweise von sich selbst und der Weld inspirieren.

Das Bild als Werkzeug

Gesundheit und Glück sind Werte, nach denen der Mensch schon immer gestrebt hat. Mittel und Wege werden gesucht, um das Positive zu fördern und die negativen Erscheinungen, wie Krankheit und Mißlingen, zu verringern.
Dieses Streben des Menschen, den Weg dafür zu finden, um Erfüllung zu erreichen und das Leid zu überwinden, Meister über das Schicksal zu werden, ist auch als Ursprung der Wissenschaften zu sehen. Denn es erfordert, die Natur der Dinge zu erforschen, die Gesetze des Lebens und der Wandlung der Existenz zu erkennen.
Die alten Seher beobachteten die Bewegungen am Himmel und auf der Erde, im Kosmos und im eigenen Inneren. Sie entdeckten Rhythmen, Strukturen und Gesetzmäßigkeiten als verbindendes Gemeinsames in der Welt der Erscheinungsformen auf den verschiedenen Ebenen – der inneren (gedanklichen, emotionnalen) und der äußeren (materiellen, physischen) Ebene. Sie entdeckten deren Formen des Austauschs und der Interaktion. Sie sahen eine alles durchdringende lebendige Kraft, die dem gesamten Sein, dem Weltenentstehen und Vergehen zugrunde liegt. Mit der Hilfe von Symbolen stellten sie diese dar und machten sie so mitteilbar und anwendbar.

Das Symbol

Ein Symbol ist ein Medium, der Träger einer bestimmten Energiequalität. Es dient als Mittel, um die auf den verschiedenen Ebe-

nen wirkenden Kräfte zu erfassen. Je abstrakter und einfacher ein Symbol ist, um so weiter und umfassender wirkt es; je detaillierter es ist, um so spezifischer und enger ist der Bereich seiner Entsprechung.
Die großen ganzheitlichen Symbole der alten Seher finden sich in den Darstellungen des Yin und Yang *(I Ging)*, in der Gestalt der Pyramide oder in der Form des Mandala. Bei genauer Betrachtung läßt sich erkennen, daß sie die gleiche innewohnende Struktur besitzen, nur in unterschiedlicher Weise manifestiert sind. Bei diesen genannten Beispielen handelt es sich um Bild- oder Formsymbole. Andere Ausdrucksformen finden sich im Klangsymbol oder im Ritual als symbolische Handlung.
Klangsymbole sind zum Beispiel die Töne. Schon an der Bezeichnung hohe und tiefe Töne läßt sich auch ihre Beziehung zum Körper erkennen; so fühlen wir die tiefen Töne im Bauchbereich und die hohen in den körperlich höhergelegenen Zonen. In ihrer Kombination, in Form von Melodien sind sie ebenfalls Träger von Information oder Energiequalität und können uns traurig oder fröhlich stimmen. Als Symbol stehen sie aber nicht nur mit den körperlichen Erscheinungen in Verbindung, sondern finden auch in der kosmischen Dimension, in den Planeten, Entsprechungen zu ihrer Schwingungsfrequenz.
In anderer Form ist das Wort, der Name oder Begriff bezeichnender Träger des Inhalts. Es zeigt den ganzen Bereich der Sprache als symbolische Ausdrucksform.
Der Bereich symbolischer Handlung, das Ritual, schließt die Klang- und Formsymbole mit ein, bezieht sich aber auch auf die Bewegung, auf den Körper und seine Position in Raum und Zeit. Das Ritual berücksichtigt die Qualität des Raumes in Form von einem bestimmten Ort oder einer bestimmten Himmelsrichtung, der man sich zuwendet. Die qualitativen Unterschiede in der Zeit sind tageszeitliche, jahreszeitliche oder astrologische Entsprechungen.

Tantra

Tantra bedeutet wörtlich übersetzt „Gewebe, Zusammenhang, Kontinuum“ und bezeichnet eine uralte Wissenschaft, die in die Zeit vor den Religionen der Welt zurückreicht. Es ist das wohl älteste System, das die Erkenntnisse von Struktur und Gesetz der Alten überliefert. Diese Wissenschaft integriert verschiedene Techniken und benutzt diese, um die menschliche Entwicklung zu beschleunigen. Als „Tantras“ werden auch alte tantrische Schriften und Bücher bezeichnet.

Tantra bietet die esoterische Basis, auf der die meisten Religionen beruhen. Es besteht aus praktischen Techniken, die für jeden anwendbar sind – unabhängig von Geschlecht, Temperament und geistiger Entwicklungsstufe. Ziel dabei ist, jede Handlung im Leben zur spirituellen Praxis werden zu lassen. Später vereinigte sich Tantra mit der Philosophie des Vedanta, und daraus bildete sich das heute bekannte System des Yoga[1].

Harish Johari beschreibt Tantra als eine ganzheitliche Annäherung an die universelle Gesetzmäßigkeit durch den persönlichen Standpunkt. Es steht in Bezug zu allen Wissenschaften, aber anstatt die einzelnen Zweige als etwas voneinander Getrenntes zu behandeln, wird im Tantra der ganze Baum betrachtet. Das Wunderbare an dieser alten Lehre ist, daß es sich nicht um eine philosophische Theorie handelt, sondern um praktisch anwendbares Wissen*[1].

Die Praxis von Tantra ist Yoga, seine Werkzeuge sind Mantra und Yantra – Worte der Kraft und geometrische Entsprechungen von Energie. Durch die Personifizierung der Gottheit wird diese Energie dargestellt. Das Mantra ist das Wesen, der Name der Gottheit. Das Yantra ist das Wirkungsgesetz der Kraft, der Körper der Gottheit. Das Yantra entspricht einer geometrischen Verkörperung des Klangs und ist daher nicht von seinem Mantra zu trennen.

Am Beispiel der Erscheinungsform der weiblichen göttlichen Qualität und ihren zehn Weisheitsaspekten vermittelt „Visionen der Göttin“ einen Einblick in den traditionellen Gebrauch des Bildes auf dem Pfad zur Quelle der eigenen Existenz. Die klangsymbolischen, körperlichen und astrologischen Beziehungen werden hier jedoch nur am Rande erwähnt. Vor allem soll ein Zugang zu der Bildsymbolik und den Visionen der Seher vermittelt werden.

Das Bild

Die Göttin ist die Mutter des Universums, die kosmische weibliche Energie, der Ursprung aller Erscheinungsformen.
Bewegen wir uns im Reich der Formen, seien sie gedanklich, emotional oder bildlich, dem Angenehmen und dem Unangenehmen, in der Welt von Glück und Leid, befinden wir uns im Reich der Dualität, im Spiel des Entstehens und Vergehens, im Raum der weiblichen Kraft.
Aus diesem Grund ist das Wissen um die Göttin eine große Hilfe zur Orientierung im „alltäglichen Chaos“ der Existenz. Sie ist die Führerin, die Mutter, die dich an die Hand nehmen kann in dem Dschungel der sich ständig wandelnden Manifestationen. Gerade auch für den therapeutischen Gebrauch von Kunst, wo es um die Anwendung von Erscheinungsform und den Umgang mit dem Bild geht, ist ihr Wissen wertvoll.
Das Spiel mit der eigenen schöpferischen Qualität auf der Symbolebene des Bildes ist die Basis der heutigen Kunsttherapie. Es stellt eine Möglichkeit dar, das eigene kreative Potential kennenzulernen und zu entfalten. Das Papier sozusagen als Probehandlungsfeld ermöglicht es, auf einer anderen Ebene Lösungswege für Problemstellungen zu entdecken. Die bearbeitete Angelegenheit wird faßbar, findet einen Fokus und einen Rahmen, so daß man sich ein Bild

davon machen und andere Sichtweisen dazu entdecken kann. Letztlich handelt es sich um ein Nach-außen-Bringen des inneren Bildes, die Darstellung unserer Vorstellungen und Eindrücke, die eigene Umsetzung des Erlebten. Wenn wir aufmerksame Beobachter sind, können wir viel über uns lernen; Schwerpunkte und Schwachpunkte, Ungleichgewichte und Disharmonien lassen sich über das Medium Bild wie in einem Spiegel erkennen.

Wie im Leben die verschiedenen Situationen unzählige Wege zum Handeln bieten, so sind auch die Ausdrucksmöglichkeiten im Bild vielfältig – und noch vielfältiger deren Deutungsmöglichkeiten sowie die Variationen des Umgangs mit dem Dargestellten. Doch worin liegt die gesunde Harmonie? In welcher Richtung und auf welchem Weg ist welches Ziel zu suchen? Letztlich geht es um die Arbeit an der eigenen Sichtweise, das Licht, in dem wir die Dinge betrachten.

Das Bild stellt ein Werkzeug dar, um Inhalte aus dem im Dunkeln liegenden Unbewußten zu schöpfen und im Licht bewußt zu betrachten. Folgen wir den Inhalten bis zu ihrem Ursprung, so zeigen sich die Wünsche und Hoffnungen oder auch die Frustrationen, die auf Erfahrungen der Vergangenheit zurückgehen. Es sind Eindrücke, die ihre Spuren in unserer Art der Wahrnehmung und Empfindung hinterlassen haben, Prägungen, die tief in uns wurzeln.

Durch die bewußte Auseinandersetzung mit den künstlerischen Mitteln im Bild können die inneren Entsprechungen bewußtgemacht werden. Als Werkzeug zur Orientierung auf dem Weg zur Mitte kann das Kreissymbol eingesetzt werden*[2]. Gehen wir zurück zum Ursprung und betrachten die alte Form des Umgangs mit den Prägungen und der Verwendung des Bildes, so gelangen wir zur Meditation.

Tantra-Yoga sieht im menschlichen Körper ein großes Symbol für die verschiedenen Ebenen und Kräfte des Kosmos. Er ist der Spiegel des Universums und der Tempel des Göttlichen, des

Selbst. Er ist nicht das wahre Selbst, sondern dient als Werkzeug der Erfahrung des Selbst. Die Erfüllung, die Glückseligkeit liegt darin, so zu sein, wie man wirklich ist.

Die Bildfläche, die Leinwand des Körpers ist der Bewußtseinsraum. Dies ist der Raum, in dem wir unsere Träume erleben, der Spiegel, der unsere Vorstellungen reflektiert, das Dritte Auge. Die Wirklichkeit zu sehen und das wahre Selbst zu erkennen ist erst dann möglich, wenn der Spiegel frei von Reflexion und Verzerrung durch Prägungen und den damit verbundenen Emotionen ist.

Tantra sieht die Emotion als gefangene Energie, die es zu befreien gilt. Sie ist ein wichtiger Schlüssel zum spirituellen Wachstum und sollte auf keinen Fall verdrängt werden. Es geht aber auch nicht darum, die emotionalen Äußerungen zu ermutigen, denn dadurch wird die Anhaftung an den entsprechenden Prägungen nur noch größer. Der Prozeß der Befreiung von Energie vollzieht sich durch die Wahrnehmung der Emotion als Teil der kosmischen Energie.

Die göttliche Energie ist das Spiel des Bewußtseins, das in der Emotion wohnt. Dies macht die Emotion zum Mittel, um sich auf das Göttliche in sich selbst zu beziehen. Die Form der Emotion sinkt wie eine Welle in das Meer des Bewußtseins, wenn sie durch Hingabe in göttliche Energie verwandelt wird*[10].

In Tantra ist die Verehrung der Göttin ein praktischer Weg, um höhere Bewußtheit zu entwickeln. Als Mutter aller Formen ist das Weibliche auch die Verkörperung von Weisheit und Bewußtseinsenergie.

Im Körper stellt die Göttin die Kundalini-Shakti („Schlangenkraft") dar – jene Energie, die am Boden der Wirbelsäule schläft. Wenn sie erweckt wird, steigt sie über die verschiedenen Bewußtseinsebenen durch den Körper bis zum Scheitel zum höchsten Bewußtsein, dem vollen Erwachen, der Vereinigung mit dem Einen, im Licht. Kundalini-Tantra beschreibt die Fä-

higkeit der inneren Schau als einen ersten Schritt, der die Betrachtung der verschiedenen Ebenen erst möglich macht*[3].
Die in Tantra dargestellten Götter und Göttinnen existieren nicht als objektive Wesen irgendwo im Universum und regieren über das Schicksal. Die Idee der Göttlichkeit in Menschengestalt ist ein Mittel, um einen Zugang zu schaffen und die lebendige Energie für das grobe Bewußtsein der Menschheit verständlich werden zu lassen. Schon allein der Versuch, den Fluß der eigenen Gedanken zu beobachten, zeigt, wie schwierig es ist, die formlose Realität zu visualisieren und in sich zu schauen.
Diese Meditationsform ist ein Weg, der darin einweiht, diese Kräfte in unserer Psyche zu energetisieren und so mit der Gottheit in Kontakt zu treten. Die Form kann lebendig werden und die tieferen Aspekte ihrer Realität enthüllen. Die dafür verwendete Bildsymbolik basiert auf den archetypischen Strukturen des kollektiven Unbewußten. Nach Swami Satyananda Saraswati sind es speziell ausgewählte, ästhetische und visuell fesselnde Darstellungen, um die Imagination einzufangen und auszurichten.
Die Konzentration auf eine der Meditationsformen erweckt die tiefsitzenden Prägungen und enthüllt das darin Verborgene in Form von Träumen und geistiger Aktivität. Auf diese Weise beeinflussen sie die Handlungen und Konfrontationen im täglichen Leben nicht. Diese sind unnötig geworden, da sie auf der Bewußtseinsebene, beispielsweise im Traum oder in der Meditation, verarbeitet und durchlebt werden*[4].
In der figürlichen Darstellung, der Meditationsform, wird die Göttin auf zweifache Art dargestellt: als schreckliche, furchterregende und als gütige, freundliche Erscheinung. Ihre Schönheit wird durch die Ornamente, ihr kriegerisches Wesen durch die Waffen ausgedrückt. Bevor jedoch die Schönheit und die Güte der Göttin erlebt werden können, muß die Ignoranz, die Unwissenheit beseitigt werden, und dazu dienen die Waffen.

Yantra

So wie die Meditationsform eine personifizierte Repräsentation der inneren Vision ist, so ist das Yantra eine abstrakte, mathematische Verkörperung von dieser.
Mit dem Eindringen der Achtsamkeit in die tieferen Schichten des Bewußtseins verwandeln sich auch die inneren Erfahrungen. Sie werden abstrakter und universeller als das, was in der Natur zu sehen ist. Mit jedem Eindruck korrespondiert ein Yantra, das durch die lineare Dimension definiert wird. Alles in der Natur kann als Yantra erfahren werden.

Nandakunti – der Berg und das Tal

Alle Schöpfungsformen sind nichts anderes als Energie. In gleicher Weise enthält ein Yantra eine ihm innewohnende Energie. Durch Konzentration auf ein Yantra und dessen Visualisation kann die entsprechende eigene Energie hervorgerufen werden. Durch seine geometrische Gesetzmäßigkeit entsteht ein lebendiges, sich bewegendes Kraftfeld.
Ein Yantra wird aufgebaut aus den Grundformen Punkt, Dreieck, Kreis und Quadrat. Ein weiteres wichtiges Symbol des Yantra ist die Lotosblüte.

Der Punkt

Der Punkt symbolisiert *Bindu.* Im Körper befindet sich Bindu am oberen, hinteren Teil des Kopfes. Er ist der Konzentrationspunkt im Zentrum des Yantra. Dieser Punkt repräsentiert den Samen, aus dem alle Schöpfung entsteht und in den sie wieder zurückkehrt – den Prozeß von Schöpfung und Zerstörung. Er steht für die Vereinigung der polaren Energien und ebenso für das Stadium der Vereinigung, das der Schöpfung vorausgeht. In der Meditation wird der äußere Punkt des Yantra zum Konzentrationspunkt, um die Kontraktion von Raum und Zeit im Bindu des Körpers zu erfahren.

Das Dreieck

Das Dreieck ist in seinem Ausdruck dynamisch. Es symbolisiert das Wurzeldreieck *(Mula-trikona).* Für die Darstellung eines Raumes werden mindestens drei Linien benötigt. Aus diesem Grund gilt das Dreieck als die erste Form, die aus der Schöpfung hervorgeht. In seiner nach unten gerichteten Form entspricht es der Natur *(Prakriti).* Das nach oben gerichtete Dreieck repräsentiert das Selbst oder Bewußtsein *(Purusha).* Im Yantra finden wir oft eine Überkreuzung dieser Dreiecksformen als Symbol für die Vereinigung von Energie und Bewußtsein.

Der Kreis

Der Kreis repräsentiert den Zyklus der Zeitlosigkeit, wo es keinen Anfang und kein Ende gibt, die Ewigkeit. Er deutet auf den ewigen Kreislauf von Geburt, Leben und Tod, den ständigen Wandel von Ereignissen.

Das Quadrat

Das Quadrat ist in seinem Ausdruck statisch und symbolisiert das Physische, die Materie. Es ist die Grundlage des Yantra und beschreibt die irdische Welt und den Körper, um dessen Transzendierung es letztlich geht. An den Seiten des Quadrates befinden sich die Tore zum inneren Bereich.

Die Lotosblüte

Die Lotosblüte ist ein weiteres wichtiges Symbol im Yantra. Sie steht für Reinheit. Die Wurzeln des Lotos reichen tief in den Schlamm auf dem Grund des Gewässers. Der Schlamm steht für unsere Anhaftungen, die Prägungen, die im Dunkel unseren Gefühlen (Wasser) zugrunde liegen. Dieser Schlamm bildet die Nährsubstanz für das Wachsen der Pflanze zum Licht. Erst über dem Wasser, den Turbulenzen der Gefühle, öffnet sich die Blüte. Die Blütenblätter erscheinen innerhalb des Quadrates meistens umgeben von einem Kreis. Dieser Kreis gilt als das Sonnen-Mandala *(Suryamandala),* und die Blätter der Blüte bilden das Mond-Mandala *(Chandramandala)* *1.

Wird der Sonnenkreis als Blüte dargestellt, beträgt die Anzahl der Blütenblätter zwölf, entsprechend der zwölf Monate eines Jahres und der Anzahl der Tierkreiszeichen. Das Mond-Mandala wird mit sechzehn Blütenblättern abgebildet. Häufig wird die Blüte auch mit acht Blättern dargestellt. Diese symbolisieren die Basis der Welt der Phänomene: Äther, Luft, Feuer, Wasser, Erde, Geist, Intellekt und Ego.

Das ganze Konzept des Yantra ist von gewaltiger Kraft und Bedeutung für die spirituelle Entwicklung und Erfahrung. Es zeigt den Weg von der äußeren physischen Erscheinungswelt zu den innersten Räumen der menschlichen Schöpfung und Existenz. Dies geschieht derart fein und systematisch, daß man die wahre Bedeutung durch die Begrenztheit des normalen Verstehens niemals erfassen kann – und doch finden diese feinen geistigen Einwirkungen statt. Das Yantra beeinflußt unsere kreative und intuitive Intelligenz. Es führt langsam, aber stetig und systematisch zur Entfaltung der vielfachen Schichten des eigenen Wesens *4.

Die Göttin

Im Reich der Göttin

Die Bewegung der Gestirne und das Geschehen in der Welt, der ewige Kreislauf von Werden und Vergehen, ist das Spiel der göttlichen Mutter. Darin zeigt sich das ewige Gesetz des Wandels aller Erscheinungsformen in ihrem Reich, der Welt der Phänomene. Das ganze Universum ist in ständiger Bewegung, selbst die Materie in ihrer feinen Struktur ist Schwingung. Nichts im Universum ist konstant. Das einzig Konstante ist die Bewegung, die kontinuierliche Wandlung aller Dinge, das Spiel.

Auch läßt sich erkennen, daß kein Phänomen unbeeinflußt ist von den anderen. Wie ein unendliches Muster ist alles miteinander verbunden, steht auf den verschiedensten Ebenen in gegenseitiger Wechselwirkung. Das Wechselspiel von Wandlung und Bewegung existiert aufgrund des Verlangens, durch die Anziehung zweier gegensätzlicher und sich doch ergänzender Kräfte: Gott und Göttin.

Auf der Symbolebene werden diese beiden Kräfte repräsentiert durch Shiva und Shakti oder Mann und Frau. Tantra sieht das Universum von dieser lebendigen Energie durchpulst. Die äußere Natur ist, ebenso wie das menschliche Wesen, von dieser göttlichen Kraft erfüllt und ein Ausdruck dafür.

In der Natur symbolisiert Shiva den Berg und Shakti das Tal. Shakti ist das Wasser, das aus dem Berg entspringt, die Flüsse und Wasserfälle. Sie stellt die Bewegung dar, den Fluß der Zeit.

Sie verkörpert die Welt der Phänomene, die – wie die Wellen des Meeres – ihre Erscheinungsformen wandeln, auf- und eintauchen im ewigen Spiel von Werden und Vergehen.
Das männliche Prinzip ist die formlose Verkörperung des Göttlichen, das „Eine", die ungeteilte Präsenz. Das weibliche Prinzip gibt dem Göttlichen eine Form, die Welt der Dualität. Die Göttin ist die Verkörperung des „Einen". Sie ist die Mutter, die das Universum gebiert, die kreative Kraft, die Herrscherin der Welt der Formen. Die Welt der Formen bezieht sich nicht nur auf die materielle, physische Form, sondern auch auf Klang-, Emotions- und Gedankenformen, auf jede Art von Form in der Erscheinungswelt, ob manifestiert oder nicht. Sie ist die der Existenz innewohnende Kraft auch in den Formen der Bewußtseinszustände, dem Wach-, Traum- und Tiefschlafbewußtsein, sowie auch des reinen Bewußtseins: Licht.
Die weibliche Kraft ist das gebärende, nährende Prinzip – und damit auch das des Verfalls und des Todes, denn es gibt kein neues Werden ohne das Zerstören eines Alten. Sie ist die kreative Energie und die Dualität, untrennbar verbunden in Einheit mit dem „Einen". Sie ist die Form, die das „Eine Formlose" sichtbar macht in seiner dreifachen Qualität als den Prinzipien der männlichen göttlichen Trinität des

- Schöpferischen *(Brahma),*
- Erhaltenden *(Vishnu)* und
- Zerstörenden *(Shiva).*

Wollen wir die Phänomene der Welt und uns selbst verstehen, setzt dies voraus, die Göttin zu verstehen, ihre Gesetze und ihre Energie, die der Welt ihre Gestalt verleiht. Ihr Schleier ist ihr Spiel, ist die Erfahrung der Dinge als Realität, sind die Wünsche und Hoffnungen, die Ängste und Sorgen. Sie zu erkennen heißt, den Schleier zu lüften und hinter dieser Fassade der Erscheinungsformen deren Quelle, die Lebenskraft zu erfahren.

Shiva und Shakti

Shakti ist die Energie, die im Spannungsfeld der Dualität zum Ausdruck kommt. Shiva ist der Friede, die Ruhe. Shakti ist die aus dieser Ruhe des Geistes hervorgehende Kraft. So wie das Leben aus dem Mutterleib kommt, ist sie die Energie aus der Leerheit. Dies ist keine *gegen* etwas gerichtete Energie, sondern die Energie *in* allem. Sie ist keine äußere Kraft, sondern eine innere. Bezogen auf sich selbst, ist sie die eigene Kraftquelle. Tantra hat das Ziel, diese in uns schlafende Kraft, die Kundalini-Shakti, durch die Entfaltung der verschiedenen Ebenen und Rhythmen ihrer Bewegung zu energetisieren. Durch die Verehrung von Shakti kann diese Kraft als das eigene Bewußtsein erkannt werden.

Shiva und Shakti, Gott und Göttin sind Urformen, aufsteigende Kraft ▲ und absteigende Kraft ▼. Überall, wo die aufsteigende Kraft ist, ist auch die absteigende präsent. So wie Shiva das Symbol des kosmischen Berges ist, ist Shakti das Tal, aber auch der Bergsee, die Lichtung oder die Höhle.

Das männliche Prinzip ist der zentrale Strahl kosmischer Energie und das weibliche Prinzip ist die Peripherie, der Umkreis. Eines der wichtigsten tantrischen Symbole und die Basis der meisten Yantras ist die Vereinigung der beiden Urformen[2].

Das folgende Yantra, das „Navayoni-Chakra“, zeigt die duale weibliche Qualität, symbolisiert durch zwei nach unten gerichtete Dreiecke, in Vereinigung mit dem männlichen Prinzip, dem Einen, dargestellt durch ein mit der Spitze nach oben gerichtetes Dreieck.

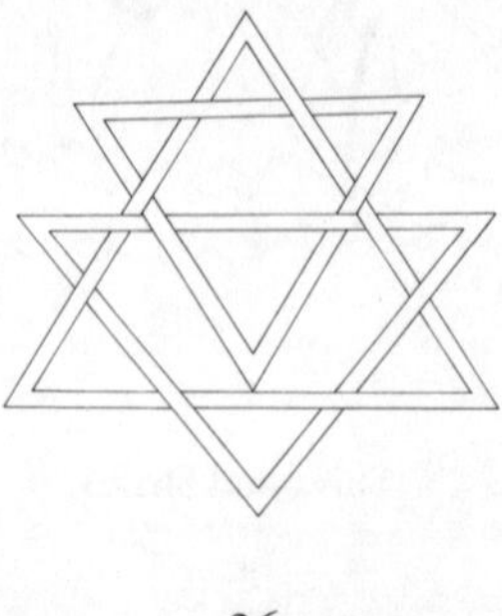

Die Vereinigung versinnbildlicht den Ursprung der Schöpfung und die Entstehung des Universums. Durch die gegenseitige Durchdringung der großen Dreiecke entstehen neun kleinere; diese symbolisieren die neun kosmischen Mutterschöße *(nava* = „neun“, *yoni* = „Mutterschoß“)*[15].

Durga

Durga

Shakti Devi, die göttliche Mutter, hat viele Erscheinungsformen. In ihrer Form als Durga repräsentiert sie die vereinten Kräfte des Weiblichen. Durga ist die Tridevi-Shakti (die Kraft von drei Göttinnen). Sie personifiziert drei Hauptaspekte des Weiblichen: Saraswati, die Shakti des schöpferischen Prinzips Brahma; Lakshmi, die Shakti des erhaltenden Prinzips Vishnu, und Parvati, Gauri oder Kali, die Shakti des zerstörenden Prinzips Shiva.

Wann immer das Gleichgewicht in der Welt gestört war und die Dämonen die Herrschaft übernommen hatten, erschien Durga, um die Harmonie wiederherzustellen. Selbst Rama und Krishna verehrten sie, und noch heute ist sie sehr populär in Indien.

Die folgende Geschichte aus dem *Markandeya Purana* verdeutlicht, wie Durga die vereinte Essenz des Göttlichen in sich trägt und veranschaulicht ihre Meditationsformen am besten.

Einst beherrschten dämonische Kräfte den Himmel. Die Götter waren außer sich, und keiner wußte Rat. So wandten sie sich an Vishnu. Über die vielen Klagen der Götter geriet dieser in rasenden Zorn, und ein kraftvolles Licht kam aus seinem Gesicht hervor. Auch aus Brahmas und Shivas erzürnten Gesichtern sowie aus den versammelten Göttern und Halbgöttern strömte Licht. Diese Strahlen vereinten sich zu einem großen leuchtenden Lichtkörper, der in alle Richtungen strahlte, und alle erblickten diesen flammenden Feuerball. Dieses strahlende Leuchten unbesiegbarer Kraft und Energie verwandelte sich langsam in die Gestalt einer Frau, und die versammelten Götter statteten sie mit ihren Waffen aus.

Eine andere Geschichte erzählt von Durgas Kampf. Die beiden dämonischen Heerführer Chanda und Munda hatten sie mit ihrem Dämonenheer umzingelt. In Durgas Zorn trat aus ihrer

Stirn eine göttliche schwarze Form mit dem Namen Kali und besiegte Chanda, Munda und ihr Heer. Durch dieses Ereignis wird sie auch mit dem Namen „Chamunda" bezeichnet. Die Göttin forderte die Dämonenkönige auf, in ihre niederen Reiche zurückzukehren. Doch diese, trunken von ihrer Arroganz, setzten den Kampf fort. Ein mächtiger Krieger der Dämonen, Raktabeeja, trat hervor, aus seinen Verletzungen durch die Waffen der Götter tropfte Blut. Als diese Tropfen den Boden berührten, verwandelten sie sich in Dämonen. In ihrer Form als Chamunda öffnete die Göttin ihren Mund und dehnte ihn so weit aus, bis sie Raktabeeja mit all seinen Blutstropfen verschlingen konnte.

Die Dämonenkönige sagten zu ihr: „Du kämpfst mit der Kraft von anderen, jetzt wirst du auf die richtige Größe geschnitten."

Die Göttin antwortete: „Ihr Narren, im ganzen Universum bin ich es allein, die existiert. Alle anderen Formen sind Manifestationen meiner verschiedenen Formen. Alle Wesen haben ihren Ursprung in mir und werden wieder in mich eingehen. Sie sind alle nur mein."

Danach vereinten sich neun tödliche Formen, welche aus ihrem Körper hervorgegangen waren, wieder mit ihr, und sie besiegte die Dämonen in einem Augenblick.

Bevor sie verschwand, versprach sie, ihre Verehrer siebenmal zu beschützen, und erklärte ihre Aufgabe und Funktion in ihrer Form als Durga.

Jede Form der Göttin repräsentiert ihre Manifestation für eine spezielle Funktion. Es stellt sich die Frage: Was haben die Dämonen mit uns heute zu tun? Aus tantrischer Sicht sind dämonische Kräfte jene Energien, die sich von der Einheit getrennt sehen, egoistisch und eigennützig ausgerichtet sind. Im Äußeren erscheinen sie als Bequemlichkeit und Luxus. In unserem Inneren wirken sie als Haß, Geiz, Stolz, Selbstüberschätzung und Anhaftung.

Die göttlichen Qualitäten sind wirksam als Hingabe, Gnade, Liebe und Gedanken über die Existenz. Sie erscheinen als Disziplin, Gewaltlosigkeit, Zuversicht und Nicht-Anhaftung an das Erreichte.
Die folgende Abbildung auf Seite 32 zeigt das Durga-Yantra. Das äußere Quadrat mit den T-förmigen Eingangstoren repräsentiert die physische Realität. In seiner dreifachen Umrandung zeigt es drei Schichten und beschreibt die dreifache Natur von Materie, wie sie sich durch die Aggregatzustände fest, flüssig und gasförmig veranschaulichen läßt.
Der Kreis aus acht Blütenblättern innerhalb dieses Quadrats repräsentiert die acht Elemente der Natur (fünf äußere: Äther, Luft, Feuer, Wasser, Erde; und drei innere: Geist, Intellekt und Ego). Innerhalb dieser Blüte befinden sich drei Ringe. Sie symbolisieren die Zeit in ihrer dreifachen Erscheinungsform als Vergangenheit, Gegenwart und Zukunft.
Die drei mit der Spitze nach oben gerichteten Dreiecke des Kreisinnenraumes stehen für die drei göttlichen Prinzipien Brahma, Vishnu und Shiva. Das große Dreieck, das mit der Spitze nach unten gerichtet ist, stellt die vereinte Kraft, den Lichtkörper Durgas dar. Es wird daher farblich in Gelb und die männlichen Dreiecke in leichtem Rot dargestellt. An den Stellen, wo sich die Dreiecke überlagern, mischen sich die Farbqualitäten zu einem hellen Orange. Durch die Überschneidung dieser großen Dreiecke ergeben sich mehrere kleinere Dreiecke. Diese symbolisieren neun Basisenergien oder neun *Nadis* („Energiekanäle"). Das mittlere Dreieck, das sich durch die Überschneidung ergibt, ist tiefrot und stellt die göttliche Mutter dar. Jede Seite dieses Dreiecks stammt von einer der drei männlichen Kräfte. Der Bindu im Mittelpunkt ist hellgelb und repräsentiert Durga selbst.*[1]

Durga-Yantra

Das Licht

Die Lotosblume wächst aus den dunklen Tiefen und öffnet sich zum Licht. Sie ist ein Symbol für die Bewußtseinsevolution und die sich entfaltende Meditation. Alles Wachstum richtet sich zum Licht als dem Lebensspender. So wie Durga im Kampf gegen die Dämonen erscheint, vertreibt das Licht überall dort, wo es hinscheint, die Dunkelheit.

Wenn das Licht auf grobe Materie trifft, wirft es seinen Schatten. Wenn die Materie aber klar ist, wie zum Beispiel bei einem Kristall oder Wassertropfen, zeigt es sich in seiner reinen Qualität, als Farben des Spektrums. Vergleichbar mit der Göttertrinität, welche die Ursprünge des Lichtkörpers von Durga symbolisieren, wird die dreifache Natur des Lichtes erfahrbar durch die drei Primärfarben des Spektrums: Rot, Gelb und Blau. Diese sind die nicht mischbaren Farbanteile des Lichtes. Alle anderen Farben zeigen sich als Mischtöne dieser drei Grundfarben.

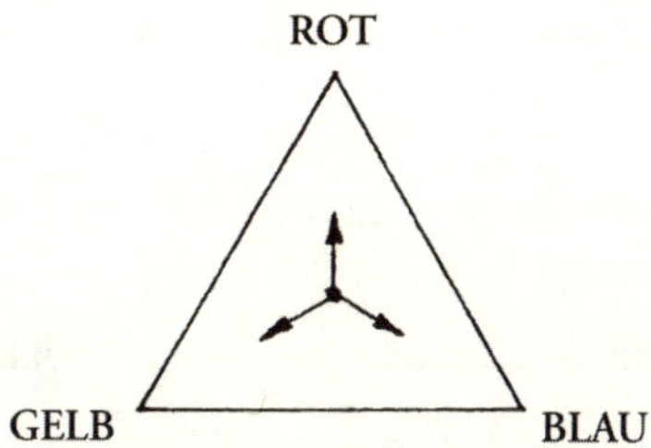

Diese drei Primärqualitäten bilden die Basis für den Regenbogen. Er erscheint als Kreisform und wird auch in der Bibel als die Brücke zwischen Gott und den Menschen beschrieben. Die Hälfte dieses Kreises ist über der Erde sichtbar, die andere nicht.

Er gleicht somit einem Symbol für die äußere und innere Erscheinungswelt.
So wie die Töne der Klangwelt finden auch die Farbtöne durch ihre Schwingungsfrequenz ihre Entsprechungen in den Planeten. Im menschlichen Körper stehen sie in Verbindung mit dem inneren Licht, dem Bewußtsein und seinen Ebenen. Ebenso wie der Klang hat die Farbe eine enge Beziehung zu unserer Gefühlswelt und der Emotion.
Durch die komplementäre Eigenschaft von Farbe ist es möglich, die Dualität der Dinge als polare Entsprechungen zu erleben. Starren wir zum Beispiel auf einen roten Punkt, ohne den Blick abzuwenden, bis sein Rand zu flimmern beginnt, und schauen dann auf eine weiße Fläche, so werden wir dort einen grünen Punkt erkennen. Das gleiche geschieht auch, wenn wir nach der Betrachtung die Augen schließen; wir erkennen dann das Nachbild in der komplementären Farbe. Bei der Betrachtung von Grün erscheint das Nachbild in Rot, bei Orange in Blau.
Aus der dadurch ersichtlichen Gesetzmäßigkeit ergibt sich: Wann immer wir der Reizüberflutung einer Farbqualität ausgesetzt sind, reagieren wir darauf, indem wir die fehlenden anderen Anteile des Lichtes ergänzen.

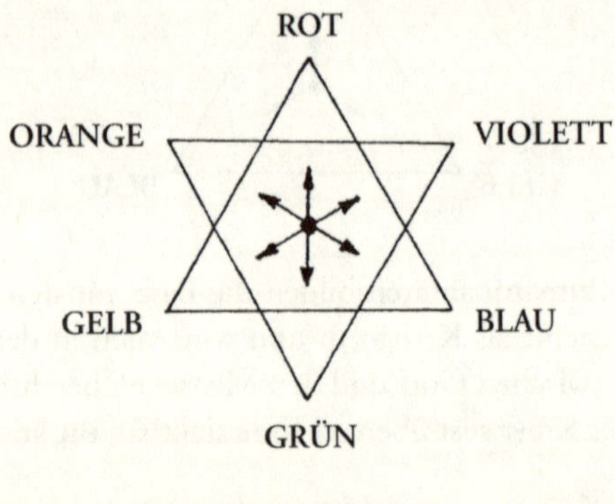

Bei der Betrachtung von Gelb fehlen die Anteile der Primärfarben Rot und Blau. Diese ergeben in der Mischung Violett und erscheinen auch als solches im Nachbild. Bei der Betrachtung von Rot fehlen die Anteile der Primärfarben Gelb und Blau. Das Nachbild zeigt deren Mischung Grün. Betrachten wir Orange, das sich aus Rot und Gelb zusammensetzt, so zeigt das Nachbild Blau.
Dies veranschaulicht, daß ein inneres Bemühen oder ein inneres Gesetz vorhanden ist, welches immer den fehlenden Teil zum Ganzen, dem „Einen“, ergänzt. Dies läßt die innere Kraft erkennen, die zugrundeliegende Einheit, welche die Harmonie und das Gleichgewicht wiederherstellt. Diese Gesetzmäßigkeit tritt in Erscheinung und findet somit ihre Anwendung über die Fokussierung, wie hier beispielsweise über die Konzentration auf eine Farbe. Eine praktische Anwendung dieser Gesetzmäßigkeit bietet uns auch die Yogaübung *Tratak.*

Tratak

Tratak, eine Reinigungstechnik des Hatha-Yoga, bietet uns einen Schlüssel zur Betrachtung eines Yantra.
Die bekannteste Version ist Tratak über eine Flamme. Du sitzt dabei in einer Meditationshaltung und stellst die Lichtquelle (beispielsweise eine Öllampe) in Blickhöhe auf eine Armlänge Abstand auf. Schließe dann deine Augen und achte darauf, daß sich die Wirbelsäule und der Kopf in einer geraden Linie befinden und daß der Körper und die Gesichtsmuskeln entspannt sind.
Nun überprüfe deinen Körper langsam von unten nach oben (die Füße, die Beine, das Gesäß, den Rücken, die Schultern, die Arme, den Nacken und den Kopf) und vergewissere dich, daß wirklich alles entspannt ist.
Wenn du Schmerzen bemerkst, so konzentriere dich auf den Schmerz. Auftauchende Gedanken und Gefühle solltest du nicht

unterdrücken, da dies Verspannung verursacht. Laß sie weiterlaufen und beobachte sie.
Es ist wichtig, sich nicht zu bewegen. Der Körper soll während der Übung in dieser Position bleiben, unbewegt, wie eine Statue, so daß du die innere Bewegung erleben kannst. Als Hilfe dabei kannst du dir vorstellen, daß dein Körper wie ein Stein aus der Erde ist oder wie ein festverwurzelter Baum.
Öffne jetzt die Augen und fixiere den Blick in die Flamme, auf die Spitze des Dochtes. Auch hier beobachte auftauchende Gedanken, laß sie kommen und wieder gehen. Erinnere dich, daß du Tratak machst und richte das Bewußtsein mit deiner Achtsamkeit auf die Flamme (etwa 5 – 10 Minuten, ohne zu blinzeln).
Schließe die Augen und betrachte auf die gleiche fixierende Weise wie beim Blick auf die Flamme das Nachbild der Flamme.
Wenn das Nachbild verschwunden ist, öffne deine Augen wieder und fixiere die äußere Flamme, um sie dann wieder als Nachbild zu betrachten. Je länger das innere Bild bleibt, um so besser! Ein Anfänger muß immer wieder schauen, während ein Geübter schon nach einmaligem Betrachten das Bild halten kann.
Die Übung des *inneren Tratak* ist die darauf aufbauende Stufe. Hier wird kein äußeres Objekt, wie die Flamme in diesem Beispiel, mehr verwendet. Du schließt die Augen und stellst dir das Objekt vor.
Wichtig ist dabei, daß die Visualisation des Objektes ohne Anstrengung möglich ist, so daß man entspannt beobachten kann und in voller Bewußtheit Zeuge des inneren Erlebens ist.
Als Konzentrationshilfe kann ein Tropfen Wasser mit der Fingerspitze auf das Zentrum zwischen den Augenbrauen verrieben werden. Curry, Tigerbalsam oder Menthol haben eine länger anhaltende Wirkung.
Bei der Betrachtung eines Yantra ist der zentrale Punkt, der Bindu, der Fokus, so wie dies bei der Flamme die Spitze des Dochtes gewesen ist. Die vier Eingangstore des äußeren Quadrates eines

Yantra zeigen an, wie die Annäherung zum Zentrum von außen erfolgt. Dies geschieht in gleicher Weise wie bei der Überprüfung der Entspannung des Körpers während der Vorbereitung. Hier wanderst du mit der Achtsamkeit langsam von der Erdberührung, von unten von den Füßen im Körper nach oben zum geistigen Bereich. Dies geschieht synchron mit dem Prozeß der Lenkung der Achtsamkeit von der äußeren Realität in den Bereich des inneren Erlebens.

Der zentrale Fixpunkt ist gleichzeitig der Beginn und Endpunkt. Dies veranschaulicht, wie der ganze Prozeß ein in sich geschlossener Kreis und somit die Grundform eines Mandala ist.

In der Praxis ist das Yantra nicht von seinem Mantra, der Klangschwingung oder dem Namen des Wesens der dargestellten Kraft, zu trennen. Die Urform eines Mantra findet sich im Geräusch des natürlichen Atemflusses. In Verbindung mit dem Tratak auf die Flamme kann das Einströmen und Ausströmen des Atems und sein Geräusch auch als gleichzeitiger Fokus und Werkzeug genutzt werden.

Stell dir beim Einatmen vor, daß du von der Kerze zum Stirnzentrum zwischen den Augenbrauen und weiter durch dieses hindurch zum Hinterkopf atmest. Beim Ausatmen richtest du deine Achtsamkeit vom Hinterkopf über die Berührung des Stirnzentrums wieder in die Kerze. Auf diese Weise findest du einen gleichzeitigen, gemeinsamen Fokus für das Bild der Flamme, den Atem und das Atemgeräusch.

Beim inneren Tratak fühlst du, wie der Atem von dem inneren Bild einatmend zurückgeht zum Hinterkopf und ausatmend vom Hinterkopf zum Bild führt. Richte dein Bewußtsein ganz auf das Bild, den Atem und das Geräusch.

Wenn du die Übung beendet hast, halte deine Augen geschlossen und nimm bewußt wahr. Sei Zeuge von allen Gedanken und Visionen*[5].

Die zehn kosmischen Kräfte

Die zehn Formen der Göttin

Die Hindu-Mythologie erzählt die Geschichte von Sati, der Gefährtin Shivas, wie sie ihm ihre Kraft zeigt*[1]:
Shiva wollte Sati nicht erlauben, einem großen Feueropfer beizuwohnen, das ihr Vater, Daksha, arrangiert hatte. Daksha hatte alle Götter und Halbgötter, Rishis (Seher) und Maharishis (große Seher) eingeladen – nur Shiva und Sati nicht, weil er Shiva nicht mochte. Der weise Narada überredete Sati jedoch zur Teilnahme mit der Begründung, daß sie von ihrem Vater keine Einladung benötige. So bat sie Shiva um Erlaubnis, aber dieser lehnte ab. Sati war jedoch nicht mehr aufzuhalten. Sie manifestierte sich in zehn Formen, um ihre Kraft zu zeigen, und ging ohne Erlaubnis. Als sie das Haus ihres Vaters erreichte, war sie aber nicht willkommen. Voller Scham sprang sie mitten in den Feuerplatz, wo das Feueropfer abgehalten wurde. Shiva wußte sofort, was passiert war. Er zerstörte das Feuer, nahm den Körper Satis mit sich fort und streifte in Trauer umher.
Das Gleichgewicht in den drei Welten war gestört. Die Götter und Halbgötter waren in Aufruhr und verhandelten, was nun zu tun sei. Sie baten Vishnu, den Erhalter, um Hilfe. Dieser schnitt mit seinem Diskus den Körper Satis in Stücke. Wo immer diese Stücke zur Erde fielen, entstand ein Platz mit einer bestimmter Energie, entsprechend dem Körperteil der göttlichen Mutter.

Wann immer die dämonischen Kräfte überhand nahmen und sie um Hilfe gebeten wurde, erschien sie fortan, um das Gleichgewicht wiederherzustellen. Doch auch die Dämonen sind eine Kreation der Göttin, nur benutzen sie ihre Kräfte für egoistische Zwecke. Durch die Zerstörung dieses Mißbrauchs von Energie erlangen auch die Dämonen Befreiung durch sie.

Dash Mahavidya („zehn große Weisheiten") sind die zehn Formen, in denen sich die Göttin in den verschiedenen Zeitepochen manifestiert hat. Jede Form ist geeignet für die Zerstörung einer bestimmten dämonischen Kraft. Diese Formen nahm sie an, bevor sie wiedererschien als Parvati, die Tochter der Berge, und als Uma zur Gattin Shivas wurde.

Die Meditation über ihre Formen zeigte den Alten neue Wege und enthüllte ihnen neues Wissen. Diese hielten ihre Erfahrungen fest und stellten deren fundamentale Prinzipien in der Form der göttlichen Mutter als *Vidya* (Wissen, Weisheit) dar. Dies sind die zehn großen Weisheiten oder Wege zum Wissen.

Die hier wiedergegebenen Anweisungen zu den Meditationsübungen richten sich nach Beschreibungen aus den Tantras von Swami Satyananda Saraswati[*5]. Sie stellen jedoch nur kleine Ausschnitte eines weiten Spektrums dar. Die Auswahl und Zuordnung dieser Übungen zu den Göttinnen basieren auf Angaben aus anderen Quellen[*8],[*10].

Praxis und Ziel der Meditation

Es ist schwierig, Meditation mit Worten zu beschreiben, da es sich dabei um eine Erfahrung handelt, welche man erleben, aber nicht durch Lesen machen kann.

Ziel der Meditation ist die Selbstverwirklichung. Es gibt zwei Formen der Meditation, eine aktive und eine passive. Aktive Meditation besteht darin, die täglichen Aufgaben des Alltags zu erfüllen. Werden die weltlichen Aktivitäten als Meditation verstanden und ausgeführt, so ist unser Wirken bewußter und effektiver. Die aktive Form kann durch passive Meditation entwickelt werden. Bei dieser sitzt man in einer bestimmten Haltung und führt Meditationsübungen durch, so wie sie hier weitergegeben werden. Diese haben das Ziel, den rastlos umherwandernden Geist zu beruhigen und auf einen Punkt zu bringen. Die Fixierung des Geistes auf eine Meditationspraxis, beispielsweise mit einem bestimmten Objekt, dem Klang oder Atem usw., beruhigt den Geist und richtet ihn nach innen.

Dabei können Inhalte aus dem Unbewußten in Form von frei fließenden Gedanken, Erinnerungen, Komplexen oder ähnlichem an die Oberfläche gelangen. Auf diese Weise können niedere geistige Ebenen erforscht und ungewünschte Inhalte beseitigt werden. Wenn sich dann der grenzenlose Speicher an Wissen und Energie, der in jedem verborgen liegt, zu zeigen beginnt, kann man sich den höheren Bereichen zuwenden. Aus tantrischer Sicht ist dies der Beginn des Einklangs mit der Umgebung und dem Universum. Erst wenn der Geist selbst transzendiert wird, erlangt der Meditierende die Einheit mit dem höheren Bewußtsein, und das Ziel der Selbstverwirklichung ist erreicht. Auf diese Weise führt erfolgreiche passive Meditation automatisch zur aktiven Meditation. Je tiefer wir bei der passiven Meditation in die geistigen Bereiche vordringen, um so kraftvoller wird der Selbstausdruck in der äußeren Aktivität sein.

Vielen Meditierenden werden zu Beginn ihrer Meditationspraxis die innerkörperlichen Prozesse bewußter. Dies erklärt sich daraus, weil das Bewußtsein nun die Aktivitäten wahrnimmt, welche die körperlichen Funktionen kontrollieren. Eine andere Erscheinung kann sein, daß wir mit Ängsten und Komplexen konfrontiert werden, denen wir zuvor keine Achtsamkeit schenkten, vielleicht noch nicht einmal wußten, daß sie existieren. Der Grund dafür ist, daß das Bewußtsein nun in den niederen geistigen Bereichen arbeitet und so Komplexe und Ängste beleuchtet, welche zuvor lediglich als äußere Manifestationen, zum Beispiel in Form von Ärger, Haß oder Depression, wahrgenommen wurden. Durch die Konfrontation mit den inneren und oft tiefverwurzelten Komplexen, welche diesen äußeren Erscheinungsformen zugrunde liegen, können sie beseitigt und größere Zufriedenheit und Glücklichkeit im Leben erlangt werden.

Die höheren Stufen der Meditation sind schwierig zu erreichen, wenn die zwanghafte Angst, welche in diesen niederen geistigen Bereichen sitzt, nicht beseitigt worden ist. Es wird nicht möglich sein, in die tieferen Erfahrungsebenen von Meditation vorzudringen, wenn diese Komplexe weiterhin zwanghaft und automatisch die Achtsamkeit auf sich lenken. Wie ein Magnet wird das Bewußtsein zu den verschiedenen niederen geistigen Aktivitäten gezogen. Unaufhörlich ist man in seine Sorgen, Ängste und Befürchtungen verwickelt.

Auf den höheren Stufen der Meditation bewegt sich das Bewußtsein dagegen in den höheren geistigen Bereichen und erhebt sich über die rationalen Gedanken. Dann werden Bereiche und Aktivitäten wahrgenommen, die näher an der Realität zu sein scheinen. Man beginnt die tiefen Wahrheiten und Aspekte der Existenz zu erforschen. Erst wenn selbst der höhere Geist transzendiert ist, wenn das Erforschen des Geistes aufhört und man sich mit dem zentralen Kern der eigenen Existenz identifiziert, ist die Selbstverwirklichung als Ziel der Meditation erreicht. Durch den Kontakt mit diesem innersten zentralen Wesenskern wird die eigene Existenz nicht mehr vom Standpunkt des Ego aus gesehen, sondern durch das Selbst bestimmt. Damit ist die Ebene der spontanen Erfahrung aktiver Meditation erreicht*[5].

Kali

Kāla in Sanskrit bedeutet „Zeit" und ist ein männlicher Begriff. Kāla, Zeit, erscheint in dreifacher Form: als relative Erfahrung von Vergangenheit, Gegenwart und Zukunft. Die Erfahrung ist deshalb relativ, weil das, was einst Gegenwart war, Vergangenheit ist; Gegenwart ist, was Zukunft war, und Zukunft ist, was Gegenwart werden und irgendwann einmal Vergangenheit sein wird. Diese kontinuierliche Bewegung von Zeitsequenzen scheint sich unendlich fortzusetzen.

Eine weitere Bedeutung von Kāla in Sanskrit ist „Tod". Tantra sieht den Tod nicht als eine Verneinung, sondern als einen Prozeß des Lebens. Er ist sowohl für den Wandel der Erscheinungsformen als auch für Erfahrungen eine Notwendigkeit und bildet die Basis des Ewigen. Auf der Reise des Lebens begleitet uns der Schatten des Todes in jedem Augenblick. Oft hindert uns die Angst vor dem Tod und vor Verlusten daran, richtig zu leben. Daher ist es wichtig, dem Tod ins Auge zu sehen. Seine Dunkelheit ist die Vorbereitungszeit der Nacht vor der Dämmerung, das Vergehen, um neu zu werden.

Kali ist die weibliche Form des Begriffs Kāla. Sie ist die Shakti, also die Kraft von Kāla*[8]. Kali symbolisiert damit die große Kraft des Wandels aller Dinge, des Zerstörens, um neu zu erschaffen, den Prozeß des Verschlingens und des Verschlungenwerdens.

Auf der Erde, in der Natur ist diese umgestaltende Energie sichtbar in Form von Erdbeben, Vulkanausbrüchen, Seuchen, Krieg und Revolution. Auf der individuellen Ebene ist diese Kraft der Transformation das Potential der eigenen Entwicklungsenergie, die schwarze Schlange, die eingerollt im Körper schläft: Kundalini-Shakti. Sie ist das Symbol für pranische Kraft, und ihre Bewegungen äußern sich in Form von starken Gefühlen.

Kali

Die pranische Kraft, der Atem im Kosmos ist Kāla, die Zeit. Dies ist kein mathematisches oder philosophisches Konzept, sondern der Rhythmus unseres Lebens. Zeit steht auch in Verbindung mit der Ansammlung und dem Stoff unserer Erfahrungen, und deshalb haben wir Angst, sie zu verlieren. Aus tantrischer Sicht ist der Tod nur das Ende von dem, was keine wirkliche Substanz hat. Er eliminiert das Unwichtige und enthüllt so das Wichtige. Kali ist das Bild der Zerstörung, bei der nichts übrigbleibt – außer Shiva, dem „Einen". Sie verkörpert somit die aktive Kraft der transzendenten Realität hinter allen Dingen, wie sie von Shiva repräsentiert wird.

Die Meditationsform

Wie ein hungriges Ungeheuer streift der Tod durch die gesamte Schöpfung, nichts wird von ihm verschont. Der Tantriker sieht die Welt als einen großen Friedhof. In diesem tanzt die göttliche Mutter Kali. Ihr Körper ist nachtschwarz oder dunkelblau. Sie ist splitternackt, lacht und ihre Zunge hängt heraus. Sie steht auf einem Leichnam, der die Form Shivas hat, und trägt eine Halskette aus menschlichen Schädeln. Sie hat vier Hände; in zwei von ihnen trägt sie ein Schwert und einen abgetrennten Kopf, und mit den anderen beiden spendet sie Segen und vertreibt Furcht.

Manchmal wird sie dargestellt als Dämonin mit grausamen Fangzähnen, als Hexe oder aber als schönes junges Mädchen. Sie kann auch einen Rock aus abgeschnittenen Armen tragen.

Kalis Verehrung ist die Meditation über die Vergänglichkeit aller Dinge. Sorgen, Ängste und Abneigungen, die Vorlieben und Zuneigungen werden im Feuer des Bewußtseins in Klarheit verwandelt. Eine Übung, um sich dieser Kraft anzunähern, wird beschrieben in der kontinuierlichen Verbindung des Bewußtseins mit dem

Ein- und Ausströmen des Atems. Alles im Universum vibriert im kontinuierlichen Puls des spontanen zyklischen Wechsels und wiederholt in dieser Vibration ein endloses Mantra. Das dem Rhythmus des Atems zugehörige Mantra ist *Soham.* Es wird als ein natürliches Mantra beschrieben, welches durch das Ein- und Ausströmen des Atems, als Atemgeräusch selbst zu hören ist. Dabei wird die Silbe „So" mit dem Geräusch des Einatmens und die Silbe „Ham" mit dem Geräusch des Ausatmens assoziiert. *Soham* gilt als das höchste aller Mantras.

Das Mantra Soham

Nimm eine Meditationshaltung ein, schließe die Augen und achte darauf, daß sich die Wirbelsäule und der Kopf in einer geraden Linie befinden. Vergewissere dich, daß Körper und Geist entspannt sind, und beobachte den natürlichen Atemfluß. Beobachte die Bewegung des Atems im Körper als auf- und absteigende Kraft. Nimm diesen Atemfluß wahr, und laß keinen Atemzug deiner Achtsamkeit entgehen. Wiederhole nach einiger Zeit das Mantra *Soham* im Geiste und synchron mit dem Atem. Fühle mit dem Einatmen die Vibration des Klanges von „So" und das Aufsteigen von Prana, mit dem Ausatmen den Klang „Ham" und das Absteigen von Prana im Körper.

Diese Übung kann mehrere Wochen lang täglich für 5-30 Minuten durchgeführt werden.

Die darauf aufbauende Stufe ist die innerliche Rezitation des Mantra als *Ham-So.* Der Prozeß ist der gleiche, nur beginnt man mit der Ausatmung und der Silbe „Ham", das heißt, dem Gewahrwerden des Absteigens von Prana im Körper. Dies hat zum Ziel, den endlosen Kreislauf von „So-Ham" oder „Ham-So" als ununterbrochenen Fluß von „So-Ham-So-Ham-So..." zu realisieren.

Wenn dies verwirklicht ist, kann die Achtsamkeit auf die Bewegung im Körper erweitert und der Fluß von Prana entlang der Wirbelsäule, synchron mit dem Atem und seinem Mantra, imaginiert werden. So bewegst du dich mit der Achtsamkeit in dem feinstofflichen mittleren Energiekanal der *Sushumna,* dem Weg der Kundalini-Shakti von der Basis der Wirbelsäule bis zum Scheitelpunkt des Kopfes.

Fühle beim Einatmen die Vibration „So" und steige mit der Achtsamkeit von der Basis der Wirbelsäule (Perineum) bis zum Scheitelpunkt des Kopfes. Sinke beim Ausatmen mit der Vibration „Ham" und dem Atemfluß vom Scheitel zur Basis zurück. „Ham" kann tief zu den Wurzeln gehen und „So" hoch in den Himmel. Wichtig dabei ist, alle Gedanken zu beobachten und auf innere Bilder bewußt zu achten. Die regelmäßige Übung von „So-Ham, Ham-So" gibt den verschiedenen Prägungen die Gelegenheit, sich auszudrücken, so daß sie erkannt und abgelegt werden können.

So bedeutet „Shiva" oder „Er" oder „Das". *Ham* – oder *Aham* – bedeutet „Ich bin". *Soham* ist demnach gleichbedeutend mit „Ich bin Shiva", „Ich bin Bewußtsein" oder „Ich bin Das". In dieser Bedeutung kann das Mantra also auch als Affirmation eingesetzt werden.

Kali-Yantra

Tara

Tara

In Sanskrit bedeutet *tarati* „diejenige, die überquert“, *tarayati* „diejenige, die andere überqueren läßt“ und *tari* „das Boot“*[8]. Tara ist somit eine Kraft, die übersetzt.
S. Shankaranarayanan und auch Harish Johari erwähnen im Zusammenhang mit Tara eine Stelle aus dem *Lalitapakhyana:* Dort bewacht sie den See des Nektars, *Manas* (Geist). Unzählige Shaktis setzen mit Booten über. Es sind ihre Shaktis, und sie selbst kontrolliert die Wogen des Wassers. Dies zeigt, daß durch sie das Überqueren des Sees möglich ist. Gemeint ist damit das Durchqueren des eigenen Geistes. Tara nimmt uns mit sich hinter die turbulenten Wellen der Gedanken, die nichts weiter als Teile der Klangschwingung des „Einen“ sind. Sie ist die Verkörperung von Schwingung, die Klangsequenz der Form oder der unmanifestierte Klang. Traditionell wird Tara um Hilfe gebeten bei Fluten, Flußüberquerungen und Seereisen. Sie hilft aber auch über den Berg und durch schwierige Situationen, wie zum Beispiel an Kreuzungen und zu Entscheidungszeiten, wenn eine Führung für den richtigen Weg benötigt wird. Wie in einem Boot nimmt sie uns mit über den Ozean der Unwissenheit. Sie rettet vor Untergang, auch vor dem Untergang in den eigenen Emotionen.
Shankaranarayanan bemerkt dazu: Unwissenheit ist das größte aller Hindernisse, das schlimmste, das einem widerfahren kann. Tara gibt das ursprüngliche Wort – jenes Wort, welches die Schöpfung begleitet. Sie gewährt das Wissen, das alle Unwissenheit entwurzelt, und setzt über vom Nicht-Sein zum Sein, von der Dunkelheit zum Licht.
Der Seher des Tara-Mantra ist der Rishi *Akshobhya* („der Unerschütterliche“). Akshobhya ist auch der Name des Buddha der Spiegelgleichen Weisheit aus dem Mandala der Fünf Buddha-

Familien, die aus dem Tibetischen Totenbuch bekannt sind. Der Spiegel gleicht einer Wasseroberfläche, die unverzerrt durch die Wellen der Gedanken und ohne Anhaftung an etwas spiegelgleich reflektiert.
In der hinduistischen Mythologie ist Akshobya eine Form von Shiva, der das Gift trinkt, um die Welt zu retten. Seine Shakti ist Tara.
Eine andere Bedeutung von Tara ist „Stern". Dies veranschaulicht ihre Funktion als Führerin in Form von einem Leitstern oder dem Stern der Bestrebung. Tara ist auch ein vedischer Name für „Om", den Urklang, die Vibration, aus der alle Schöpfung hervorgeht. Sie symbolisiert die transformierende Energie, die sowohl zerstörende als auch schützende Kraft des Wortes und beinhaltet alle Mantras. Sie ist die Personifikation von Mantra-Shakti, die Kraft des Wortes. „Om" ist das Klangsymbol ihres Wesens. Als Göttin des Wissens und der Bewußtheit steht sie für den Klang, der die Wahrheit enthüllt*[10].

Tara wird in drei Formen beschrieben:

- die schreckliche Form, als blaue oder dunkle Tara *(Nila)*, wird in der folgenden Meditationsform dargestellt. Sie verkörpert die Kraft des Wortes, die den Raum durchstößt;
- die weiße Form *(Sukla)* verkörpert den Weisheitsaspekt;
- die vielfarbige Form *(Citra)* symbolisiert die Vielfalt der Ausdrucksmöglichkeiten der Sprache, des Klangs und der Schwingung.

Die Meditationsform

Tara steht mit beiden Füßen auf dem Herzen eines Leichnams. Furchteinflößend lacht sie wie ein Pferd. Sie manifestiert sich aus *Humkar* (dem Mantra „Hum"). In ihren vier Händen hält sie ein Schwert, ein kleines Schwert, einen blauen Lotos und eine Schale.

Sie ist von kleinem Körperbau und blauer Farbe. Ihr Haar ist dicht, verfilzt und verflochten, mit Schlangen verziert. In manchen Texten wird sie auch als *Ekajata* beschrieben, jene Göttin, welche die Haare in einer Filzlocke trägt, was als Sinnbild für die ineinander verflochtenen Klangvibrationen der Schöpfung gilt. Sie wird auch als ein Tigerfell tragend und mit acht Schlangen geschmückt dargestellt.

Das kleine Schwert, das sie trägt, wird auch als Schere beschrieben und dient dazu, die Anhaftungen und Prägungen abzutrennen. Das große Schwert dient dazu, die Köpfe abzuschlagen; dies steht symbolisch für das Ego mit seiner Vorstellung „Ich bin der Körper“. Sie trägt eine Halskette aus abgetrennten Köpfen. Sie wird auch „die Feurige“ genannt, welche in der Lage ist, die Welt in den drei Sphären in Bewegung zu setzen. Sie erhält und zerstört. Es heißt, daß sie alle Unwissenheit der drei Welten in ihrer Schale aus einem menschlichen Schädel vereine und diese mit einem Streich zerstören könne.

In der Darstellung hier vertreibt sie die Furcht mit ihrer offenen, dem Betrachter zugewandten Hand.

Die Lotosblüte steht für die innere Entfaltung und ein offenes Herz.

Die *weiße Tara* findet Verehrung bei der Suche nach Wahrheit, speziell in der Rede, da sie die Verkörperung von Schwingung ist. Durch Lügen oder das Verfechten der eigenen Meinung wird Tara verscheucht. Schweigen ist ein Weg, um sie zu erreichen, doch die Mäßigung in der Rede, die schwieriger ist, gilt daher als stärker und wirkungsvoller. Dies bedeutet, auf seine Rede zu achten und nur das zu sagen, was hilfreich und nötig ist.

Die *vielfarbige Tara* findet Verehrung durch die Hingabe an Poesie und Musik. Damit wird eine Annäherung an ihre Qualität durch das Spiel mit ihren Formen beschrieben, wodurch Emotionen erzeugt werden. Doch die Verehrung Taras findet dann statt, wenn man sich daran erfreuen kann, ohne davon gefangen zu werden oder daran anzuhaften.

Da Tara die Mantra-Shakti ist, richtet sich jede Form von Mantrapraxis an sie, besonders aber das Mantra „Om“, da es ihrem Wesen entspricht.

Das Mantra Om

Nimm eine Meditationshaltung ein, schließe deine Augen, und richte die Wirbelsäule und den Kopf in einer geraden Linie aus. Achte darauf, daß du entspannt bist.
Beobachte deinen Gedankenfluß neutral. Mache dich zum Beobachter der Gedanken, nicht zum Denker. Laß dich nicht in die Gedanken verwickeln, sei vielmehr der Seher der Gedanken.
Dann beginne damit, im Rhythmus des Atems „Om“ zu singen oder zu rezitieren. Der Klang ist das Zentrum deiner Achtsamkeit, und das Zentrum auf deiner Stirn zwischen den Augenbrauen dient als Konzentrationspunkt.
Versuche den Rhythmus des Klangs im Zentrum zwischen den Augenbrauen wahrzunehmen. Wenn verschiedene Gedanken auftreten, ist es gut, nicht darauf zu reagieren, sie einfach weiterziehen zu lassen und mit der Übung fortzufahren. Wenn der Klang und sein Rhythmus verinnerlicht sind, kannst du das äußere Singen des Mantra beenden und es weiter im Geiste rezitieren. Richte dein Bewußtsein dabei auf das Zentrum zwischen den Augenbrauen.
Diese Übung ist etwa 20 Minuten lang fortzusetzen.
Das Mantra „Om“ kann auch wie „Soham“ gesungen werden. Steige dabei beim Einatmen mit dem Bewußtsein entlang der Wirbelsäule hoch, von der Basis bis zum Scheitel, und singe „Om“ mit dem Ausatmen vom Scheitel zur Basis sinkend.
Wenn du die Übung beendet hast, betrachte deinen inneren Raum. Sei Zeuge von allen Gedanken, Vorstellungen, Visionen, sei der Seher.

Jeder Gedanke ist eine Art von Klangvibration. „Om“ ist die Wurzel von Gedanken, ist Tara, ist Hum im Herzen[3].

Tara-Yantra

Tripura Sundari

Tripura Sundari

Tripura bedeutet „(die) der drei Städte, drei Felder oder drei Welten“. *Sundari* heißt „Schönheit“. Tripura Sundari ist demnach „die Schönheit der drei Welten“ und beschreibt die göttliche Mutter in ihrer dreifachen Natur.

Als weiblicher Aspekt des Göttlichen repräsentiert sie die Form des formlosen männlichen Aspekts. Die dreifache Natur des Schöpfers (Brahma) wird beschrieben als Wahrheit, Bewußtsein und Glückseligkeit *(Sat, Chit, Ananda)* und projiziert sich in der Welt in Form von Materie, Energie und *Gedanke (Annam, Prana, Manas)**8. Sie ist in jeder Triade der Schöpfung präsent als die Kraft, welche die drei Aspekte der Natur zur Einheit transzendiert.

Aus tantrischer Sicht ist das Verlangen das der Schöpfung zugrundeliegende Geheimnis. Tripura Sundari verkörpert dieses Verlangen in Form der Kraft, die in der Vielfalt des kreativen Schöpfungsspiels die Einheit erkennt. Die geheime Verbindung zwischen Schöpfer und Geschaffenem ist die Liebe. Sundari, die Schönheit, bezieht sich auf diese Schönheit in der Natur. Äußere Schönheit ist immer vergänglich und unvollkommen. Die Schönheit, die Tripura Sundari verkörpert, ist ewig, ist das Erleben der Einheit von Universum, Natur und Selbst. Sie verkörpert das Erkennen der Natur als Reflexion des Bewußtseins und repräsentiert die Freude in der Betrachtung der Welt durch das Auge der Einheit.

Ein anderer Name von ihr ist *Sodashi* („sechzehn“) und beschreibt sie als ein ewig junges Mädchen von sechzehn Jahren. Sie ist wunderschön, verspielt und betrachtet die Welt unvoreingenommen. Ein weiterer Name ist *Lalita* („sie, die spielt“) und bezeichnet die Schöpfung als das Spiel der Mutter. Es zeigt die Kreativität als Medium, das – durch die Erfahrung der Form – die Erkenntnis der Einheit ermöglicht. Die Göttin in dieser Form symbolisiert die motivierende Energie, die uns bewegt, verstehen zu wollen. Sie stellt den Willen zur Ergründung der eigenen Wurzeln dar und gibt den Antrieb zur Selbsterforschung.

In der Form von Tripura Sundari sind Shiva und Shakti vereint. Das Gefühl von Trennung, Sorgen und Leiden entstehen durch egoistische Motivationen. Als Bild der Freude und der unvergänglichen Schönheit verkörpert Tripura Sundari die ewige Einheit und zeigt den Weg aus dem Irrtum des Getrenntseins.

Solange die Angst in uns vorherrscht, erscheint ihre Energie in der Form von Kali. Solange wir in emotionalem Aufruhr leben, ist sie Tara und bietet Führung durch die Turbulenzen der gefühlsbetonten Bindungen. Erst wenn diese Kräfte überwunden sind, erscheint sie als die Quelle von Inspiration, als Tripura Sundari, die Schönheit der Einheit der drei Welten. Aus tantrischer Sicht sind die Erscheinungsformen von Kali, Tara und Tripura Sundari die drei Hauptformen der Göttin, aus denen sich die anderen Mahavidyas ergeben.

Als schlafende Bewußtseinsenergie wohnt sie an der Basis der Wirbelsäule, bis das Verlangen nach Vereinigung erwacht. Durch die feinstofflichen Energiezentren entlang der Wirbelsäule steigt diese weibliche Energie, die Kundalini-Shakti, in uns empor bis zu ihrer Vereinigung mit Shiva, dem vollen Erwachen am höchsten Punkt des Körpers. Hier im tausendblättrigen Lotos weilt Tripura Sundari vereint mit Shiva als volles Bewußtsein, Shri Vidya.

Das Shri-Yantra zeigt den Körper Tripura Sundaris und beschreibt das verbindende Gesetz der Einheit von Universum, Körper und Selbst. Es wird als das Haupt-Yantra zur Verehrung aller Mahavidyas genutzt. Eine genaue Betrachtung dieses Yantra folgt daher im Anschluß an die Darstellung aller zehn Aspekte der Göttin.

Die Meditationsform

Tripura Sundari leuchtet wie die aufgehende Sonne. Sie hat drei Augen und vier Hände. In diesen hält sie eine Schlinge, einen Stachelstock, einen Bogen aus Zuckerrohr und fünf Pfeile in der Form von Blüten. Sie sitzt auf einem Thron, der aus den fünf Formen Shivas besteht. Vier Formen repräsentieren die Beine des Throns. Die fünfte Form ist Sada Shiva und bildet die Sitzfläche. Diese leblosen Bestandteile des Sitzes zeigen ihre fünf Handlungsbereiche (Schöpfung, Erhaltung, Rückzug, Verborgenheit und Gnade). Darauf thront sie als das reine Leben. Sie trägt eine Krone mit dem Symbol einer Mondsichel. In manchen Beschreibungen ist ihr Haar auch zu einer Krone geflochten. Das strahlende Rot des Sonnenaufgangs beschreibt die Erfahrung der Liebe, des göttlichen Verlangens von Tripura Sundari. Ihre drei Augen symbolisieren das Erkennen auf den drei Ebenen. Die Schlinge, die sie hält, steht für die Liebe. Solange man an sich selbst oder an andere gebunden ist, stellt sie sich als Fessel dar. Durch die Hingabe an die Göttin werden diese Fesseln gelöst. Der Bogen in der Hand ist der zielgerichtete Geist, durch den sie die fünf Wurzeln der Sinneseindrücke[4], dargestellt durch die fünf Pfeile, kontrolliert.

Tripura Sundari findet Verehrung durch das Erkennen der Schönheit in der Natur des Seins, worin wir jede Situation annehmen und bestrebt sind, die Einheit in allem zu erkennen. S. Shankaranarayanan beschreibt die Meditation über die Göttin im tausendblättrigen Lotos, dem Scheitel- oder Kronenchakra, als die höchste Form ihrer Verehrung*[8].

Das Geheimnis der Annäherung an ihre Qualität liegt in dem Vertrauen auf sie und die allem zugrundeliegende Einheit von Shiva und Shakti. Wir können den Geist zu einem Instrument in ihrer Hand werden lassen, wie durch den Bogen in ihrer Hand veranschaulicht ist. Das volle Bewußtsein von Tripura Sundari zu entfalten heißt, hinter den egoistischen Willen zu gelangen. Dies geschieht, wenn wir den Willen auf die Erfahrung des Selbst richten und nicht nur das sehen, was wir sehen wollen, sondern wachsam alles sehen, als neutraler Betrachter. Es entspricht ihrer Qualität, sich selbst, die eigenen Gedanken und Emotionen zu erforschen und bewußt zu sein.

Tripura-Sundari-Yantra

Bhuvaneshvari

Bhuvana bedeutet „die Welt", das Reich des Seins. Bhuvaneshvari, die Weltenmutter, ist die Königin in diesem Reich. Ihr Körper ist das Universum, und alles Sein ist ihr Schmuck. Sie verkörpert den Raum, in dem die Dinge geboren werden, und beschreibt die unendliche, sich ausdehnende Weite des Raums. Sie gilt als die Schöpferin aller Welten, tritt aber auch nährend und unterstützend in die Welt ein.

Der Raum entspricht dem Element *Akasha* oder Äther und ist das Medium, durch welches sich das Licht bewegt und ausbreitet. Alle Formen sind Wellen in diesem Raum der Mutter. Bhuvaneshvari entspricht somit der ursprünglichen Lichtnatur, die sich als Akasha manifestiert. So wie sich unsere Wahrnehmung ausdehnt, weitet sich auch der Raum, den wir erkennen. Das göttliche Wahrnehmen oder Erkennen ist die unendliche Weite und wird mit Akasha beschrieben als allen Welten zugrundeliegender Raum.

Bhuvaneshvari zeigt so auch ihre Beziehung zum Ausmessen und dem Maß, das alle Formen begrenzt. Der Raum kann in der Form des Universums betrachtet werden, er entspricht aber auch dem inneren Raum des Bewußtseins. Bhuvaneshvari schafft den Raum zur Erweiterung der Wahrnehmung, aber auch für das Erweitern und Ausdehnen des Bewußtseins.

Im Körper residiert sie in einem kleinen Raum im Herzen jedes Wesens. Sie unterstützt alle Wesen, denn sie verkörpert den Raum, der allen Dingen ihren Platz und ihre Funktion einräumt. Sie bildet somit die Tribüne, auf der Kali tanzt, ist aber gleichzeitig auch der Betrachter, der sich an diesem Tanz erfreut. Kali zeigt die Zeitrichtung, die Dauer und die pranische Kraft. Bhuvaneshvari repräsentiert die Himmelsrichtungen in ihren

Bhuvaneshvari

Qualitäten und die Ausdehnung. Außerdem beinhaltet der Raum auch die Zeit.
Die Realisation Bhuvaneshvaris steht in Verbindung mit dem Erkennen des eigenen Körpers als ein Glied des universellen Körpers. Sie läßt uns die eigene vitale Energie als Teil der kosmischen pranischen Kraft und die eigenen Gedanken als Teil einer göttlichen Intelligenz erfahren. „Immer hat man gedacht, man lebt im Universum; jetzt realisierst du, daß das Universum in dir lebt.“*[8]
Frawley beschreibt die Liebe als die nicht begrenzende Kraft, die den Raum schenkt und als unterstützende, nährende Energie alles wachsen und erblühen läßt.*[10]

Die Meditationsform

Bhuvaneshvari leuchtet wie die aufgehende Sonne. Sie hat drei Augen und vier Arme. Sie hält eine Schlinge und einen Stachelstock. Wie bei Tripura Sundari kontrolliert der Stachelstock die negativen Kräfte und die inneren Hindernisse, die der Entwicklung entgegenwirken. Die Schlinge symbolisiert die Bindung an die wahre Liebe und zeigt so die Befreiung von den Fesseln der emotionalen Bindungen.
Während jedoch Tripura Sundari – wie durch Bogen und Pfeile veranschaulicht – in den geistigen Bereichen residiert, vertreibt Bhuvaneshvari Furcht und spendet Segen. Sie nährt und unterstützt das Ausdehnen und Wachsen und steht mit der Bewußtseinsentfaltung in Verbindung. In manchen Beschreibungen wird sie daher auch mit dem zusätzlichen Symbol einer Blüte dargestellt*[11].
Bhuvaneshvari findet Verehrung durch die Erweiterung unserer Wahrnehmung und durch die Ausdehnung unseres Bewußtseins. Ihrer Qualität entspricht die Meditation auf den unendlichen Raum. Anstatt sich auf ein Objekt zu konzentrieren, ist es je-

doch auch möglich, den Raum zwischen sich und den Objekten zu betrachten. Diese Technik führt zur Entwicklung des inneren Zeugen, des bewußten Beobachters*[10].
Auch die Meditation auf den Raum im Herzen verbindet mit der Liebe und dem Frieden der Mutter. Es ist der Platz des Bewußtseins des Selbst. Eine weitere Möglichkeit der Meditation auf den Raum ist die Betrachtung des Bewußtseinsraumes.

Der Bewußtseinsraum

Nimm eine Meditationshaltung ein und schließe die Augen. Achte darauf, daß sich Wirbelsäule und Kopf in einer geraden Linie befinden.
Bringe den Geist zur Ruhe.
Richte dann die Achtsamkeit auf den Körper. Achte darauf, daß du dich nicht auf einen bestimmten Körperteil konzentriert, sondern richte die Achtsamkeit im Fluß durch den ganzen Körper.
Betrachte den ganzen Körper und mache dir den Atemprozeß bewußt. Betrachte Atem und Körper gleichzeitig. Betrachte einfach den natürlichen Atemfluß, ohne etwas zu beeinflussen oder zu bewerten, und behalte dabei die Achtsamkeit auf den Körper bei.
Nun beobachte deinen inneren Raum. Richte die Achtsamkeit auf den inneren Erfahrungsraum. Er ist nicht vor oder hinter den geschlossenen Augen, nicht im Herzen, nicht im Bauch, sondern überall. Er bezieht den ganzen Körper mit ein. Er ist kein bestimmter Punkt, sondern der Raum, in dem der Körper und alles existiert.
Richte die Achtsamkeit auf seine Farbe. Wie ist die Form der Farbe in diesem Raum? Betrachte den Wechsel der Farben. (Der Bewußtseinsraum ist formlose Existenz, welche das physische

Wesen unterstützt, aber er hat Farbe. Die Farben sind symbolischer Ausdruck der Lebenskraft in dir. Es ist die formlose Realität des physischen Seins.*[5]

Verweile ohne Anhaftung in konstanter Achtsamkeit auf diesen Raum, den ganzen Raum, der auch das weit Unbekannte umschließt.

In diesem Raum existiert der Körper. Der Bewußtseinsraum ist nicht im Körper, der Körper ist in ihm.

Bhuvaneshvari-Yantra

Bhairavi

Bhairavi

Bhairavi ist eine furchterregende Erscheinungsform der Göttin. Sie repräsentiert den göttlichen Zorn und zeigt so ihre enge Verbindung zu der Form Durgas. Sie wird auch als Tripura Bhairavi bezeichnet und symbolisiert das Feuer in seinen Eigenschaften als Verwandlung, Hitze und Strahlkraft. Ihre Erscheinungsformen in den drei Welten von Erde, Atmosphäre und Himmel sind Feuer, Blitz und Sonne. Ihre erschreckende und furchterregende Natur beruht auf den Begrenzungen und Illusionen der egoistischen Existenz, welche sie zerstört und verbrennt. Ihr Zorn richtet sich gegen die Unreinheiten in uns und gegen die Kräfte, die der Entwicklung und Reifung entgegenwirken. Sie verkörpert den Zorn der Mutter, die ihre Kinder schützt, und zeigt so ihre Qualität als Beschützerin und Führerin. Sie steht in enger Verbindung mit der Kraft Kalis und wohnt, wie auch Kali, im Wurzelzentrum an der Basis der Wirbelsäule. Kali zerstört die Todesangst. Bhairavi zerstört die neun Hindernisse des Geistes, die Angst vermitteln[5].
Bhairavi erschreckt jene, die an ihren Zweifeln und Unfähigkeiten hängen und so die Vereinigung verhindern. Tripura Sundari stellt die Vereinigung in ihrer Schönheit dar. Tripura Bhairavi ist das Potential zur Verwirklichung und macht das Aufwärtssteigen der Energie möglich. Schönheit und Schrecken sind komplementär. In Tantra bewegen wir uns vom Schrecken zur Schönheit, von der Wurzel zur Krone. Zuerst muß die Hitze von Bhairavis Feuer transformiert werden, um Tripura Sundaris kühle Seligkeit erfahren zu können. Für jene, die den Fortschritt wollen, ist sie eine Retterin und steht so auch mit der rettenden Qualität von Tara und der Kraft des Wortes in Verbindung. Sie verkörpert den dem Wort vorausgehenden Willen, die dem Leben zugrundeliegende Willenskraft.

Diese feurige Form göttlicher Energie existiert in uns als die verwandelnde Kraft, welche die zweitrangigen Interessen und Bindungen verzehrt und zu höherer Bestrebung transformiert.
Die Verehrung Bhairavis gibt Kontrolle über die Sinne, die Emotionen und die wandernden Gedanken. Sie hilft bei jeder Form spiritueller Disziplin (wie beispielsweise Meditation oder Fasten) als die Kraft, welche Hindernisse aus dem Weg räumt und die uns ankettenden vitalen Leidenschaften überwindet. Sie symbolisiert die regelmäßige Übung, die Disziplin, die man sich als Opfer auferlegt. Sie entspricht auch dem Opfern und Disziplinieren der Gedanken und Emotionen während der Meditation. In welchem Bereich auch immer wir Fortschritte erzielen wollen, stets ist Regelmäßigkeit, das Sichauferlegen eines täglichen Opfers notwendig. Mit Hilfe dieser Kraft kann ein Wassertropfen einen Stein aushöhlen.In der gleichen Weise stärkt uns die Verwirklichung ihrer Weisheit und schenkt uns die Kraft, Hindernisse zu überwinden.

Die Meditationsform

Bhairavi wird in der Meditation als der Glanz von tausend aufgehenden Sonnen betrachtet. Sie trägt rote Kleidung. Ihre Brust ist blutverschmiert und mit einer Kette aus Schädeln geschmückt.
Sie lächelt, und ihr Gesicht ist wie ein Lotos. Sie hat drei Augen und trägt eine Krone mit Juwelen und einer Mondsichel verziert.
Sie hat vier Hände. In der einen hält sie einen Rosenkranz, in einer weiteren eine Schriftrolle als Geste des Wissens. Mit den anderen beiden Händen vertreibt sie Furcht und gewährt Schutz.
Bhairavi findet Verehrung durch *Tapas,* die Stärkung des Willens. Tapas bedeutet eine Konzentrierung von Energie in Form einer Einschränkung, die man sich auferlegt als regelmäßige Disziplin oder Opfer. Eine äußere Form des Opfers ist das regelmäßige Darbringen von Gaben für ein entsprechendes Symbol, wie in diesem Beispiel Feuer.

Feuer ist ein sehr mächtiges Symbol. Gerade für die Verehrung der Göttin ist es essentiell und entspricht der Qualität Bhairavis.
Eine innere Form des Feueropfers ist das bewußte Spenden von Opfergaben an das innere Feuer. Eine Form des inneren Feuers ist das Verdauungsfeuer. Auf diese Weise kann jede Nahrungsaufnahme zur Gabe an die eigene Lichtnatur werden.
Eine weitere Möglichkeit besteht darin, ein Stück seiner eigenen Natur zu opfern, beispielsweise in Form eines bewußten Verzichts auf eine Angewohnheit.
Die höchste Form von Tapas ist, die Ruhe des eigenen Geistes zu erreichen, die Gedanken im Feuer des Bewußtseins in Licht, Wärme und Klarheit zu verwandeln. Eine meditative Technik, die dieser Qualität entspricht, ist die Meditation auf das innere Licht, wie sie bereits durch das innere *Tratak* veranschaulicht wurde. Die Verehrung Bhairavis findet statt, wenn wir die Gedanken der Flamme opfern, nicht abschweifen und die Gedanken bewußt kontrollieren, im Feuer der Wahrheit des Jetzt in Achtsamkeit transformieren.
Der gleiche Prozeß ist möglich durch die Mantra-Praxis. Durch die Konzentration auf das Mantra wird der Gedankenfluß kontrolliert. In der Meditationsform von Bhairavi wird dieser Weg durch den Rosenkranz, den sie hält, symbolisiert.

Bhairavi-Yantra

Chinnamasta

Chinnamasta

Chinnamasta bedeutet wörtlich „abgeschlagener Kopf". Sie ist die Göttin mit dem vom Rumpf abgetrennten Kopf, was durch die folgende Geschichte aus dem *Pranatosini-Tantra**[11] erhellt wird: Eines Tages nahm Shivas Gefährtin Parvati zusammen mit ihren beiden Begleiterinnen Dakini und Varnini ein Bad im Fluß. Nach diesem Bad war sie von schwarzer Farbe und sexuell erregt. Ihre beiden Begleiterinnen waren hungrig und baten sie um Nahrung. Sie versprach ihnen, ihren Wunsch zu erfüllen, aber sie sollten sich noch etwas gedulden. Nach einiger Zeit fragten die beiden wieder nach etwas zu essen, doch sie wiederholte nur, daß sie warten sollten, da sie nachdenken müsse.
Schließlich sagten die Begleiterinnen zu ihr: „Du bist die Mutter des Universums. Eine Mutter gibt ihren Kindern Nahrung und Kleidung. Wir beten dich an, weil du für deine Gnade bekannt bist." Doch erneut meinte Parvati, sie würden das Verlangte erst später bekommen, wenn sie wieder zu Hause sein würden.
Dakini und Varnini konnten nicht mehr länger warten. „Wir sind vom Hunger überwältigt, Mutter des Universums. Gib uns Essen, so daß wir zufrieden sind. Oh gnadenvolle Spenderin von Segen und Erfüllerin von Wünschen!"
Erst als die Mutter diese Wahrheit hörte, lächelte sie, trennte ihren Kopf mit den Fingernägeln ab und hielt ihn in ihrer linken Hand. Aus ihrem Hals flossen drei Blutströme, zwei davon in die Münder ihrer beiden Begleiterinnen und der mittlere in ihren eigenen Mund. Danach waren alle zufrieden und kehrten gemeinsam nach Hause zurück.
Durch diese Handlung hat Parvati den Beinamen „Chinnamasta" erhalten. Dargestellt wird sie tanzend, auf einem Liebespaar (Kama und Rati). Es ist Shivas kosmischer Tanz der Zerstörung, mit dem er die Phänomene der Erscheinungswelt beendet. Die

Welt, mit ihren Erscheinungsformen, ist das Spielfeld des weltlichen Verlangens. Die fünf Sinnesorgane sind die Vermittler dieser verschiedenen Formen des Verlangens und haben ihren Sitz im Kopf. In den körperlichen Energiezentren sind sie vertreten in den unteren fünf Chakras, die bis zur Höhe des Halses reichen. Der Kopf repräsentiert die mentale Aktivität. Der vom Rumpf abgetrennte Kopf symbolisiert das höhere Bewußtsein, den Sieg über die mentalen Erscheinungen und die Befreiung von den sinnlichen Formen des Verlangens.

Chinnamasta versinnbildlicht die vollkommene Kontrolle über das sexuelle Verlangen, die Primärimpulse und Instinkte. Sie beschreibt den Zustand hinter dem Körperbewußtsein und hinter der Identifikation mit den gedanklichen Konzepten und Vorstellungen.

Tantra und Yoga haben das Ziel, den Schleier des Geistes zu beseitigen, das Lid des inneren Auges zu öffnen, um das universelle Bewußtsein zu erfassen. Das Bild beschreibt die Erfahrung des offenen Raumes durch die Innenschau. Yoga sieht die Idee des „Ich bin der Körper" als Illusion und den Geist oder das reine Bewußtsein als körperlos und frei von Begrenzungen.

Chinnamasta steht in Beziehung zum Opfer – dem Opfer der gedanklichen Fixierung auf das „Ich bin der Körper". Sie steht demnach für das Opfer dessen, was auf dem (falschen) Selbstbild beruht, die Befreiung des Bewußtseins von den Grenzen des Körpers und die Öffnung zur Unendlichkeit des Universums. Als diese leuchtende Kraft residiert sie im Ajna-Chakra, dem Ort der inneren Schau, Vision und Intuition. Sie beschreibt die direkte Wahrnehmung, das reine Sehen. Sie symbolisiert den Durchbruch zum hellen Leuchten des reinen Bewußtseins und eröffnet so den Weg zu der Qualität von Tripura Sundari[6].

Die Kraft Chinnamastas wird mit der elektrischen Energie assoziiert. In der Atmosphäre entspricht das grelle Leuchten von Blitzen ihrer Natur[7]. Im Körper werden elektrische Impulse von den

Nerven geleitet. Auf der feinstofflichen Ebene repräsentieren die *Nadis,* die feinstofflichen Energiekanäle, die Träger der lichten Lebensenergie. *Sushumna* ist der zentrale Kanal dieser feinstofflichen Energie im Körper. Von allen Nadis führt nur er von der Basis bis zum Scheitel – das zentrale Licht.

Zu beiden Seiten von Sushumna strömen die beiden Nadis *Ida* und *Pingala*[8]. Sie enden in den Wurzeln der beiden Nasenlöcher, in Ajna-Chakra, dem Zentrum des Willens und der Vision. Hier vereinigen sich diese drei Energiekanäle, welche die Hauptnadis im Körper sind.

Chinnamasta ist in dem Auf- und Absteigen von Energie im zentralen Kanal entlang der Wirbelsäule aktiv und herrscht in konzentrierter Form im Dritten Auge. Dies veranschaulicht ihre Beziehung zum Kundalini-Yoga. Sie repräsentiert den Weg des Aufstiegs der Kundalini durch das Öffnen des Dritten Auges. Auf diesem Weg der Schlangenkraft befinden sich drei *Granthis* („Knoten"), die den freien Fluß von Energie blockieren und uns an Sorgen, Schwächen und Unwissenheit binden. Chinnamasta verkörpert die Kraft, welche diese Knoten durchschneidet.

In der Meditationsform sind die drei Hauptnadis durch die drei Blutströme dargestellt. Chinnamasta trinkt vom mittleren Strom (Sushumna). Varnini zu ihrer Rechten trinkt vom rechten Strom. Ihre Natur wird als freundlich beschrieben. Sie ist von weißer Farbe und entspricht der Qualität *Rajas.* Dakini zur Linken ist schwarz und erschreckend; ihre Qualität entspricht *Tamas*[9].

Die Meditationsform

Chinnamasta ist splitternackt, aber in blendendhelles, sie tarnendes Licht gekleidet. Ihr Kopf ist vom Körper abgetrennt. Sie hält ihn in ihrer linken Hand und in ihrer Rechten ein Schwert. Aus ihrem Hals fließen drei Blutströme. Lächelnd, mit heraus-

gestreckter Zunge, trinkt sie vom mittleren Strom. An ihrer Seite befinden sich zwei Begleiterinnen, Dakini und Varnini. Sie trinken von den beiden äußeren Blutströmen.
Rati und Kama, das göttliche Liebespaar, befindet sich in sexueller Vereinigung unter ihr, sie tanzt auf Ratis Wirbelsäule. Um den Hals trägt sie eine Schlange. Ihre drei Augen sind offen und leuchten hell.

Chinnamasta-Yantra

Chinnamasta wird auch dargestellt in einer Sonnenscheibe und mit Haaren, die wie Blitze abstehen. Sie trägt eine Halskette aus abgeschlagenen Köpfen.
Sie wird auch als sechzehnjähriges Mädchen beschrieben. Farblich wird sie rot dargestellt, Dakini schwarz und Varnini weiß, inmitten einer leuchtendgelben Sonne.
Während wir auf die Form von Chinnamasta meditieren, sollten wir uns vorstellen, daß sie auf unserer eigenen Wirbelsäule tanzt, und uns dabei auf ihren Kopf konzentrieren, der von dem mittleren Blutstrom trinkt*[1].
Eine andere Möglichkeit besteht darin, sich Licht vorzustellen, das hoch oben vom Himmel in unseren Körper einströmt und

uns ganz erfüllt. Mit unserem ganzen Wesen geben wir uns diesem Licht hin*[8].

Chinnamasta findet Verehrung durch die Meditation auf Licht. Was auch immer in der äußeren oder inneren Realität wahrgenommen wird, die Achtsamkeit sollte nicht auf die phänomenale Erscheinung, sondern auf das Licht, das die Erscheinung erkennbar werden läßt, gerichtet sein*[10].

Die Annäherung an ihre Qualität besteht in der Kultivierung von Achtsamkeit und der Entwicklung von reiner direkter Wahrnehmung.

Dhumavati

Dhumavati

Dhum bedeutet „Rauch". Dhumavati bezeichnet demnach die rauchige Form der Shakti. Sie wird auch als die älteste Shakti (Jeyastha), die Witwe (Purush Shunya), die Bucklige (Kutila), die Streitsüchtige (Kalahaspada) oder Alakshmi bezeichnet (Lakshmi ist die Verkörperung von Glück und Reichtum, Alakshmi das genaue Gegenteil davon).

Ihre Erscheinung ist nicht gerade glückverheißend oder schön. Sie wird als häßlich, ungeschmückt, arm und in schmutzigen Kleidern beschrieben. Ihr Ursprung führt zu der Geschichte von Sati (siehe „Die zehn Formen der Göttin", Seite 39). Sie wird beschrieben als der Rauch von Satis brennendem Körper, als diese sich in das Feueropfer ihres Vaters stürzte. Dhumavati ist alles, was von Sati übriggeblieben ist – trauriger Rauch. Aus diesen Umständen geboren, steht sie auch mit der Stimmung in dieser Situation, nämlich mit der Beleidigung und Empörung Satis zum Zeitpunkt ihres Todes, in Verbindung.

Als unglückliche Form der Göttin symbolisiert sie die schwierigen und schmerzlichen Aspekte des Lebens. Das ihr zugeordnete Symbol der Krähe steht für den Tod und die dunklen Kräfte. Sie wohnt auf Verbrennungsplätzen und trägt Kleidung, die von den Toten genommen wurde. In anderen Beschreibungen wird sie in Asche von Verbrennungsplätzen gekleidet dargestellt. Als ihre Wohnstätten werden auch verlassene Orte, wie leere Häuser, Wüstengegenden oder Orte des Streites, beschrieben.

Wie durch ihren Platz unter den Mahavidyas und auch durch ihre segensspendende Geste angedeutet, läßt sich erahnen, daß in dieser oberflächlich als negativ erscheinenden Form doch auch Segen und Weisheit zu finden sind. Sie verkörpert das Wissen, das aus harten und unangenehmen Erfahrungen erwächst. Sie erteilt die letztend-

liche Lehre von Tod und Geburt, wenn Verlangen und Phantasie ruhig geworden sind. Als eine Art Großmutter oder Ahnenführerin bildet sie den Hintergrund für die Erscheinungsformen der Göttinnen. Auf einer inneren Ebene gibt diese äußere Form von Verlust und Negativität, Unglück und Leiden den Anstoß zur Suche nach Erfüllung, die nicht durch die materielle äußere Welt begrenzt ist.
Aus tantrischer Sicht resultiert Leiden aus Verlangen. Ein Weg, sich der Kraft Dhumavatis zu nähern, besteht darin, die leidvoll empfundene Situation als Lektion der Großmutter zu erkennen. Durch ihre unangenehme Erscheinungsform zeigt sie die Schattenseite, die dunklen Bereiche der Welt, so daß wir uns nicht länger von den oberflächlichen Freuden verzaubern lassen. Sie entspricht somit der höchsten Stufe der spirituellen Suche und repräsentiert den Teil des Weges, den wir nur alleine gehen können. Sie stellt die Zerstörung der Welt dar, wenn nur noch Rauch aus der Asche aufsteigt, wo kein Unterschied mehr besteht zwischen gut und böse, rein und unrein, Glück und Unglück.
Dhumavati verkörpert das Nichts vor der Schöpfung und das Nicht-Handeln. Ihre Farbe von Rauch ist nicht vollständig dunkel. Der Rauch trägt versteckt in seinen Teilchen die Hitze der Flamme. Er repräsentiert die Dunkelheit, die den Embryo des Lichtes trägt. Dhumavati kann als Basis der unmanifestierten Welt verstanden werden.

Die Meditationsform

Dhumavati, die Göttin in der Form von Rauch, ist sehr alt und hat einen ausgemergelten Körper. Ihre Farbe wird als die von dunklen Wolken beschrieben, welche sich zur Zeit der Zerstörung des Kosmos formieren. Sie ist häßlich, mit einer langen krummen Nase und langen Zähnen oder auch zahnlos. Ihre Haut ist faltig, und ihr Busen hängt schlaff herunter. Ihre Kleidung ist schmutzig, und sie trägt keinen Schmuck. Sie ist grob, unhöflich und streitsüchtig. Ihr Blick wirkt finster und einschüchternd. Ihre ganze Erscheinung ist erschreckend und anstoßerregend. Sie ist ohne Erbarmen, hat aber ein warmes und gütiges Herz. In ihrer zittrigen linken Hand hält sie einen Korb, um das Getreide von den Hülsen zu sondern, mit der rechten Hand spendet sie Segen. Ihr Gesicht, vor allem ihre Nase, erinnert an eine Krähe. Sie fährt in einem Wagen mit einem Krähenabzeichen. Manchmal wird sie auch auf einer Krähe reitend dargestellt oder in einem Wagen, der von nichts gezogen wird.

Dhumavati findet Verehrung durch das Akzeptieren von Leid und Enttäuschung, die als Freunde und Lehrer angesehen werden auf dem Weg zur Überwindung der durch die Existenz bedingten Begrenzungen. Einer Annäherung an ihre Qualität entspricht die Meditation über das Nichts, die Betrachtung der Leerheit als höchste Realität, das Nicht-Sein als die Quelle aller Dinge. Eine Meditation auf Dhumavati kann auch darin bestehen, nicht an dem äußeren Erscheinungsbild zu haften, sondern den Hintergrund wahrzunehmen, vor welchem die Dinge in Erscheinung treten. Ihre Qualität entspricht dem Aufgeben von Begriffen, Meinungen und Urteilen.

In der täglichen Praxis *(Sadhana)* kann sie in der Form erscheinen, daß man glaubt, in einer Phase ohne jeden Fortschritt oder sichtbaren Erfolg zu leben. Man fühlt sich deprimiert, wie an einem toten Punkt, am Ende. Für einen Yogi ist der Sadhana wie Tag und Nacht und kann wechselnde Zustände von Dunkelheit und Depression, aber auch Licht und Freude bringen. Die Wandlung der dunklen Periode findet durch die Gnade von Dhumavati statt. Alles, was durch den Sadhana erreicht wird, ist gerade durch solche schwierigen Phasen fundiert und gefestigt worden.

Wie auf jeden Tag eine Nacht folgt, wird der Wachzustand vom Schlaf abgelöst. Der Schlaf muß aber keine Unterbrechung des Lebensprozesses sein. Dhumavatis Kraft macht den Schlaf zu einer Phase. in der das aufgenommen wird, was im Wachzustand erlebt wurde.

Eine meditative Praxis, die ihrer Qualität entspricht, ist somit *Yoga-Nidra,* der „Yoga-Schlaf".

Yoga-Nidra

Lege dich mit dem Rücken flach auf den Boden. Dies ist *Shavasana,* die sogenannte „Totenstellung" (siehe auch unter „Meditationshaltungen", Seite 153). Schließe die Augen und entspanne dich. Fühle die Schwere des Körpers, die Gliedmaßen, den Rumpf und den Kopf, und gib alles Gewicht an die Erde ab. Laß einfach alles gehen, auch alle Gedanken und Probleme, gib alle Last an die Erde ab.
Beobachte, wie der Atem in den Körper strömt und ihn wieder verläßt. Benutze die Kraft des Atems, in dem du fühlst, wie du mit jedem Atemzug losläßt und gehen lassen kannst.
Die Muskeln sind weich und locker und sinken entspannt auf den Boden. Spüre das ganze Gewicht, die Schwere des Körpers, so als ob er in die Erde sinke. Fühle und beobachte diese unglaubliche Schwere bewußt.
Nun erwecke in dir das Gefühl der Leichtigkeit. Richte deine Achtsamkeit auf die Entspanntheit und fühle, wie leicht dein Körper ist. Beobachte dieses Gefühl der Leichtigkeit bewußt.
Nun erwecke das Gefühl von Hitze. Richte die Achtsamkeit auf die Wärme im Körper. Fühle, wie die Wärme dich durchströmt, wie es immer wärmer wird, erinnere dich an die Hitze im Sommer. Beobachte dieses Gefühl von Wärme und nimm es bewußt wahr.
Nun erwecke das Gefühl von Kälte. Richte deine Achtsamkeit auf die Kälte im Körper. Fühle, wie sich diese Kälte ausbreitet, und erinnere dich an das Gefühl absoluter Kälte, an die eisigen Winde im Winter. Beobachte dieses Gefühl von Kälte und nimm es bewußt wahr.
Jetzt erwecke in dir das Gefühl der Freude. Erinnere dich an ein Ereignis oder eine Situation, als du tiefe Freude empfunden hast. Fühle diese Freude und nimm sie bewußt wahr.

Erwecke dann in dir das Gefühl von Schmerz. Erinnere dich an schmerzliche Erfahrungen oder an eine Situation, in der du Schmerz empfunden hast. Fühle diesen Schmerz und nimm das Gefühl bewußt wahr.
Verlasse nun das Reich der Gefühle und richte die Aufmerksamkeit auf den inneren Raum des Erlebens. Beobachte aufmerksam, was du an inneren Bildern, Empfindungen oder Gedanken erfährst. Laß dich aber nicht hineinziehen, sondern übe die Beobachtung als neutraler Zuschauer.
Dann begib dich langsam auf den Rückweg. Fühle, wie der Atem in den Körper einströmt. Nimm den Körper wahr, wie er entspannt auf dem Boden liegt.
Mache dir ein Bild von dem Raum, in dem du dich befindest, und bereite dich langsam auf die Welt der Geräusche und Aktivitäten vor. Bewege den Körper, recke und strecke ihn. Wenn du richtig wach bist, setze dich auf und öffne die Augen.
Die Erfahrung von gegensätzlichen Gefühlen ist gut geeignet, um den Hintergrund zu erkennen, aus dem sie entstehen. Diese Übung hilft aber auch, tiefsitzende Erfahrungen noch einmal zu erleben und aufzuarbeiten.

Dhumavati-Yantra

Bagalamukhi

Bagalamukhi

Bagala bedeutet „Seil“ oder „Zügel“, und *Mukhi* ist das „Gesicht“. Bagalamukhi verkörpert die kontrollierende Kraft und besitzt die Macht, alles in sein Gegenteil umzukehren und zum Stillstand zu bringen.

In einem Mythos wird beschrieben, wie einst ein kosmischer Sturm das Universum bedrohte und viele Wesen starben. Vishnu, der Erhalter, war in seiner Ruhe gestört. Er ging zu dem geheimen See Haridra („Gelbwurz“ – deshalb ihre gelbe Farbe), um eine Lösung für dieses Problem zu finden.[10] Er betete zu Tripura Sundari. Als diese erschien, erleuchtete sie die ganze Welt mit ihrer Anwesenheit. Sie brachte Bagalamukhi hervor, die in den See stieg und den Sturm beruhigte.[*11]

Ein anderer Mythos beschreibt einen Dämon, der mit seiner besonderen Fähigkeit, daß sich alles ereignete, was er sagte, viele Wesen tötete. Bagalamukhi stoppte den Dämon, indem sie seine Zunge festhielt.[*1] [*11]

Bagalamukhi symbolisiert die Kraft, welche den Fluß der Dinge umkehren und zum Stillstand bringen kann. Sie verkörpert die Macht, die einen König zum Bettler macht, Ärger in Ruhe verwandelt oder einen Sprechenden zum Schweigen bringt. Sie zeigt den Erfolg in der Niederlage, den Tod im Leben, die versteckte Freude in der Sorge. Durch den Segen, den sie schenkt, läßt sie uns das Gegensätzliche in den Dingen und in uns selbst erkennen. Sie zeigt die Kraft der Einheit, den zentralen Punkt der Ruhe inmitten der Dualität.

Sie steht in enger Beziehung zur Sprache. Manchmal wird sie in ihrer Eigenschaft, die Dinge zum Stillstand zu bringen, auch als von solcher Schönheit beschrieben, daß sie den Atem stocken läßt oder daß es einem die Sprache verschlägt. Im Zusammenhang mit Sprache wird sie auch als eine Form Taras betrachtet. Es heißt, Tara bekomme den Glanz Bagalamukhis, wenn die Sprache als glänzendes Licht erscheint. Bagalamukhi repräsentiert die Kraft der zentralen Wahrheit, des Wortes, die alle Gegensätzlichkeit zum Stillstand bringt. Ihre Verehrung ist daher hilfreich in Wortgefechten und Debatten. Debatten sind eine Form der tantrischen Disziplin, wie sie auch heute noch im tantrischen Buddhismus Tibets praktiziert wird.

Bagalamukhi verkörpert den zentralen Punkt in allen Aktivitäten und die Konzentration auf das Eine. Sie ist das Symbol höchster innerer Sammlung und Selbstkontrolle. Wie durch die beiden erwähnten Mythen veranschaulicht wird, kontrolliert sie die Winde, den Atem und die fünf Pranas im Körper sowie die Zunge als Symbol für die Selbstkontrolle.

Äußerlich erscheint sie als diejenige Kraft, welche die Angreifer und Feinde stoppt. Innerlich sind diese Feinde die verwirrenden Gedanken und Emotionen, die aus dem Ego entspringen. Sie ist die Kraft, die durch die Konzentration erwächst, die zentrale Achtsamkeit, welche alle Verwirrung beendet. Ihre Weisheit zeigt die Negativität nicht unbedingt als eine Energie, die zerstört werden muß, sondern als einen gestörten geistigen Zustand, der zentriert und zur Ruhe gebracht werden kann.

Ihre Verehrung gibt Mut, Selbstvertrauen, Unabhängigkeit und ist gut für jene, die eine radikale Veränderung in ihrem Leben oder ihrer Sichtweise dem Leben gegenüber anstreben.

Die praktische Anwendung des Ruhepunktes zwischen den Gegensätzen findet sich auch in der Praxis des Yoga wieder. Hier symbolisiert Bagalamukhi das Verharren in einer bestimmten Position, das Anhalten des Atems zwischen der Ein- und Ausatmung und das Ruhigstellen der Gedanken in der Meditation. Durch das Verweilen in einer Position wird die Flexibilität erhöht, durch das Anhalten des Atems wird der Atemfluß verlängert, durch das Ruhigstellen der Gedanken wird der Geist geklärt.

Bagalamukhi symbolisiert jene enorme Kraft, die aus dem Sichzurückhalten erwächst, wenn man beispielsweise mitten im Reden in die Stille sinkt oder wenn man sich aus Schmerz und Leid in die selbstgenügsame Zufriedenheit zurückzieht. Sie ist die Kraft des göttlichen Willens, die hervortritt, wenn man den persönlichen Willen zu beherrschen vermag.

Die Meditationsform

Mitten im Ozean befindet sich ein Pavillon aus Juwelen mit einem Altar darin. Auf diesem Altar ist ein Löwenthron, auf dem Bagalamukhi sitzt. Sie ist von gelber Farbe, trägt gelbe Kleider und gelben Schmuck.

Oft wird sie beschrieben, wie sie mit der linken Hand die Zunge des Feindes festhält und die Keule in der rechten Hand erhoben dem Widersacher entgegenstreckt. Die Keule ist die Waffe des Schöpfergottes Brahma. Der Feind befindet sich im Wellengang des Wassers, und sie selbst sitzt in der Mitte des Ozeans der Erscheinungen. Auch die Farbe Gelb ist traditionell die Farbe der Mitte und symbolisiert die geistige Aktivität. Sie steht für die irdische Version des goldenen Lichtes der höchsten Wahrheit.

Bagalamukhi findet Verehrung durch die Kultivierung und Zentrierung des Willens darauf, die Wahrheit zu finden und sie in Handlung umzusetzen. Eine Möglichkeit der Umsetzung bietet, wie bereits zuvor erwähnt, die Praxis des Yoga. Die Annäherung an ihre Qualität finden wir durch die Konzentration auf das Eine. Die kontinuierliche Achtsamkeit auf die eigene Natur beseitigt die Suche nach äußeren Objekten des Verlangens. Eine Form der Praxis besteht in der Fokussierung des *Bindu* bei der Betrachtung eines Yantra oder in der Konzentration auf das Selbst im Bewußtseinsraum über dem Dritten Auge oder im Herzen.

Der Raum der Reinheit mitten im Herzen

Nimm eine Meditationshaltung ein und achte darauf, daß sich Wirbelsäule und Kopf in einer geraden Linie befinden. Schließe die Augen und vergewissere dich, daß du entspannt sitzst.
Richte die volle Achtsamkeit auf den Körper, der völlig bewegungslos ist. Vergewissere dich, daß der Körper unerschütterlich ruhig ist, wie ein Fels.
Betrachte den konstanten und natürlichen Fluß des Atems.
Richte dann die Achtsamkeit auf den Raum des Herzens.
In diesem Raum brennt eine kleine Flamme.
Betrachte diese Flamme, wie sie vollkommen unbewegt und unberührt von den Turbulenzen des Lebens, von keinem Wind gestört, ruhig und stetig leuchtet.

Bagalamukhi-Yantra

Matangi

Mati in Sanskrit bedeutet „Intellekt" und *Mata* ist ein „Gedanke". Matangi ist demnach die göttliche Kraft, die in das Denken oder den Geist Eingang findet.

Matangi bezeichnet auch einen weiblichen Elefanten. Dies zeigt ihre enge Verbindung zu Ganesh, dem elefantenköpfigen Gott und der Verkörperung vollendeten Wissens. Ein Mythos aus dem *Shaktisamgama-Tantra*[*11] beschreibt die Erscheinung Matangis. Einst besuchten Vishnu und Lakshmi Shiva und Parvati. Sie brachten ihnen feines Essen mit, doch einige Stücke fielen auf den Boden. Aus diesen Überresten erschien ein Mädchen mit anständigen und ehrlichen Eigenschaften. Sie fragte nach den Essensresten. Die vier Götter boten ihr ihre Essensreste als *Prasad* an. Prasad ist heiliges Essen, welches dadurch, daß es von den Göttern gekostet wurde, geweiht ist. Daraufhin sagte Shiva zu dem schönen Mädchen: „Alle, die dein Mantra wiederholen und dich verehren, deren Aktivitäten werden Früchte tragen. Sie werden ihre Feinde beherrschen können und die Objekte ihres Verlangens erhalten."

Ein anderer Mythos berichtet von Matanga. Dieser war ein Mann aus der untersten Kaste, aber aufgrund seines Karma war er sehr gebildet und wollte Brahmane werden. Er betete zu Indra und rief auf dessen Rat hin Sarasvati (die Göttin der Sprache und der Künste) an. Sie erschien ihm und versprach ihm, seine Tochter zu werden. So wurde Matangi als die Tochter Matangas geboren.

Die beiden Mythen zeigen Matangis Ursprung aus dem Bereich, der konventionell als unrein oder schmutzig betrachtet wird. Sie repräsentiert das, was nicht angesehen ist, wird aber als von außergewöhnlicher Schönheit und Intelligenz beschrieben. Ohne Un-

Matangi

reinheit gibt es keine Reinheit. Ihre Erscheinung verdeutlicht, daß die Aufgaben der unteren Kasten genauso wie die anderen zur Funktion der Gesellschaft beitragen. Sie symbolisiert das zum Ausdruck gebrachte Wort, die Sprache.
Dargestellt wird sie oft mit einer Vina, einem Saiteninstrument mit zwei Kürbissen, durch welche Obertöne erzeugt werden. Dieses Instrument stellt die Wirbelsäule dar. Die beiden Kürbisse an den Enden symbolisieren das Muladhara- und das Sahasrara-Chakra, also das unterste und oberste Energiezentrum des feinstofflichen Körpers. Die Saiten des Instrumentes repräsentieren die Energiekanäle, die Nadis, und erzeugen die verschiedenen Frequenzen der Emotion. Dies zeigt die Verbindung Matangis zu der feinen Vibration der Energie in den Nadis und zu *Nada-Yoga,* dem „Klang-Yoga".
Matangi beeinflußt die Emotion und verzaubert jeden mit ihrer melodischen Stimme. Sie wird auch mit Rausch und Ekstase assoziiert. Sie vertreibt alle Disharmonie und hilft dabei, Harmonie im Leben zu finden.
Die Verehrung Matangis fördert den Ausdruck im Bereich der Sprache, aber auch in Formen der Kreativität wie Musik und Kunst. Sie wird auch als Ministerin oder Wegbereiterin von Tripura Sundari angesehen.

Die Meditationsform

Matangi sitzt auf einem Thron, der mit Edelsteinen besetzt ist. Bezaubernd leuchtet sie wie der Mond und hat fein geflochtenes Haar. Sie wird *Shamya,* „die Dunkle", genannt und ist von smaragdgrüner Farbe. Manchmal wird sie auch mit dem Leuchten eines blauen Saphirs beschrieben.
Sie hält die Attribute von Tripura Sundari: Schlinge, Stachelstock, einen Bogen aus Zuckerrohr und Pfeile in Blumenform. In ihrer Begleitung befindet sich ein Papagei, der verzauberte

Verse rezitiert. Ihre Gewänder sind rot, und sie trägt rote Schmuckstücke. In einer anderen Darstellungsform spielt sie wunderschöne Musik auf einem Saiteninstrument, der Vina, die ebenfalls mit roten Steinen verziert ist.
Weitere Beschreibungen schildern sie als sechzehnjähriges Mädchen, das auf einem Leichnam sitzt. Sie trägt roten Schmuck und eine Mondscheibe an der Stirn. In ihren Händen hält sie ein Schwert und einen Schädel.
Eine andere Beschreibung stellt sie schwarz dar, ihre Augen rollen im Rausch, und sie taumelt herum wie ein erregter Elefant.
Matangi findet Verehrung durch das Studium der heiligen Schriften. Wie durch den Papagei an ihrer Seite veranschaulicht wird, entspricht ihre Qualität auch der Rezitation der heiligen Texte und des Sanskrit-Alphabets. Die Buchstaben dieses Alphabets sind in einer bestimmten Reihenfolge angeordnet und werden in ihrer Klangentsprechung auch mit körperlichen Räumen und Zusammenhängen assoziiert. So tragen die Chakras, die feinstofflichen Energiezentren entlang der Wirbelsäule, die traditionell in Lotosform dargestellt werden, entsprechende Buchstaben auf den Blütenblättern. Dies verdeutlicht die Beziehung des Alphabets zu Matangis Spiel auf der Vina als Symbol unserer Wirbelsäule.
Matangi findet aber auch Verehrung durch die Verwirklichung unseres schöpferischen Potentials. Sie beschreibt die Hingabe und die Ekstase im kreativen Selbstausdruck in Musik, Poesie oder Kunst, wobei wir uns zum Instrument in ihrer Hand machen.
Ein meditativer Weg der Annäherung an ihre Qualität ist *Nada-Yoga.* Dies ist eine Technik, um über das Medium Klang in die tieferen Schichten des Geistes zu gelangen. Yoga sieht die verschiedenen (grob- und feinstofflichen) Schichten des Geistes und des Körpers als Manifestationen unzähliger Klangschwingungen. Diese Übung versucht, den Praktizierenden durch die zunehmend feiner werdenden Manifestationen des Klangs zu führen, um das volle Spektrum der groben und feinen Klänge zu hören.

Um spürbare Erfahrungen machen zu können, ist allerdings regelmäßige Praxis notwendig. Ein Anfänger sollte dann üben, wenn es um ihn herum möglichst ruhig ist, damit er nicht durch äußere Klänge vom inneren Erleben abgelenkt wird.

Matangi-Yantra

Nada-Yoga

Sitze in der *Nadanusandhana-Asana* (siehe „Meditationshaltungen", Seite 152) und schließe die Augen. Entspanne Körper und Geist, fühle vollkommenen Frieden und konzentriere dich nur noch auf die Übung.
Atme tief ein und mit einem summenden Klang aus. Die Zähne befinden sich dabei in leichtem Abstand voneinander, aber der Mund ist geschlossen. Es sollte wie das Summen einer Biene sein. Fühle die Klangschwingung im Kopf und deren Ursprung im Hals. Das Summen sollte jeweils etwa 30 Sekunden andauern.
Wiederhole dieses Summen fünf Minuten lang. Halte den Geist ganz auf diese Klangschwingung gerichtet.

Versuche dann, ohne selbst weiterzusummen, feine Klangmanifestationen zu hören. Versuche jeden Klang wahrzunehmen. Vielleicht findest du dabei heraus, daß ein Klang immer klarer und klarer wird. Fühle seine Intensität und Klarheit. Richte die Achtsamkeit vollständig auf diesen Klang.

Wenn dein Hören ausreichend empfänglich ist, wirst du vielleicht einen anderen Klang im Hintergrund dieses ersten wahrnehmen. Er kann sehr fein, aber dennoch wahrnehmbar sein.

Verlasse dann den ersten Klang und konzentriere dich auf den zweiten dahinterliegenden Klang. Versuche die Fülle dieses neuen Klangs zu erfahren.

Fahre in dieser Weise fort. Je feiner der Klang ist, den du empfängst, um so weiter dringst du in die Tiefe deines Geistes ein.

Kamala

Kamala bedeutet „die in Wasser Gekleidete“ oder „die aus dem Wasser Geborene“. Die Sanskrit-Silbe *ka* bezeichnet den Kopf, einen Gipfel oder ein Gewässer, und *mala* bedeutet „tragen“. Dies zeigt die enge Beziehung Kamalas zu Tripura Sundari, die mit der leuchtenden Quelle des Bewußtseins am Scheitelpunkt, der „Krone“ des Kopfes, assoziiert wird. So wie Tripura Sundari wird Kamala mit dem Namen „Shri“ bezeichnet, jedoch ist erstere die Shakti von Rameshvara. Kamala in ihrer nährenden und unterstützenden Qualität ist niemand anderes als Lakshmi, die Gefährtin von Vishnu, dem Erhalter.*[11]

Kamala ist die Schwester des Mondes und die Tochter des Milchozeans. Sie wird inmitten des Milchozeans dargestellt, umgeben von weißen Elefanten, die unaufhörlich Wasser über sie ergießen – ein Sinnbild für den kontinuierlichen Fluß nährender klarer Bewußtseinsenergie. Die Elefanten sind ein Symbol königlicher Autorität und stehen auch in Verbindung mit Wolken und Regen. In ihrer Beschreibung als weiße Elefanten erinnern sie auch an schneebedeckte Eisberge und den kontinuierlichen Fluß des Quellwassers, das aus ihnen entspringt. Sie repräsentieren Weisheit, Kraft, Fruchtbarkeit und Reichtum.

Eine andere Bedeutung von Kamala ist „Lotosblume“. Vishnu wird mit Lotosaugen beschrieben. Auf einer Schlange zurückgelehnt, thront er inmitten des Urmeers. Sein Platz wird als Auge, das bis in den Himmel reicht, beschrieben. So wie Kamala aus dem Wasser geboren wurde, sprießt auch der Lotos aus dem Wasser. So wie Kamala mit Wasser gekleidet ist, ist auch der Lotos von Wasser umgeben. Die Blüte reagiert in hohem Maße auf Licht. Sie öffnet und schließt sich mit dem Auf- und Untergang der Sonne. Das Sichöffnen der Blütenblätter repräsentiert die Entfaltung des verborgenen Bewußtseins. Der Lotos ist das le-

Kamala

bendige Symbol des kreativen Bewußtseins, des leuchtenden Wissens der solaren Wahrheit.
Die Bewußtseinszentren des feinstofflichen Körpers werden im Yoga durch das Lotossymbol dargestellt. Er bildet ein wichtiges Element in der Darstellung innerer Kräfte. Er verkörpert die Kraft, die den Schlamm der Existenz transzendiert, die Gebundenheit an die weltliche Begrenzung verwandelt und zum Nährboden für das Wachstum zum Licht werden läßt. Der Lotos repräsentiert die Schöpfungsordnung. Der gesamte Kosmos, als lotosgleich, beschreibt eine Welt, die organisch und schön ist, die durch das Licht zum Licht wächst. Kamala, die inmitten eines Lotos sitzt und in beiden Händen Lotosblüten hält, ist die Lotosgöttin. Diese fruchtbare Kraft wird in ihr als Shri enthüllt und stellt die Lebenskraft dar, die das ganze Universum durchströmt.
Wie Tripura Sundari wird Kamala auch als sechzehnjähriges Mädchen beschrieben. Ihre Energie ist Kraft, Glück, Wohlstand und Sicherheit. Sie verkörpert das genaue Gegenteil von Dhumavati, die deshalb auch „Alakshmi“ genannt wird.
In der Anordnung ist Kamala die zehnte, die letzte der Mahavidyas. Obwohl sie eine wohltätige, freundliche Göttin ist, kann sie doch auch als Kali erscheinen und uns den Kopf abschlagen, wenn wir zu sehr an den durch sie repräsentierten Reichtümern, an ihrer Schönheit und Sicherheit hängen. Aus diesem Grund ist Kali die erste in der Anordnung der Mahavidyas. Durch das Erkennen des Unvergänglichen in Kalis Lehre der Vergänglichkeit und durch die Konzentration des Verlangens auf das Ewige erscheint Kali als segenspendende Kamala.

Die Meditationsform

Kamala ist von goldener Farbe und von einem goldenen Schein umgeben. Sie sitzt in einem rosaroten Lotos und hält zwei Lo-

tosblüten in zweien ihrer vier Hände; mit den beiden anderen spendet sie Segen und vertreibt Furcht. Sie ist umgeben von zwei oder vier Elefanten, die weiß wie Schneeberge sind und mit ihrem Rüssel beständig Wasser über sie ergießen.
In manchen Darstellungen verteilt sie Goldmünzen und hält ein Wassergefäß. In all ihren Formen zeigt Kamala Fülle bzw. Wohlstand.
Kamalas Verehrung steht, wie die von Tripura Sundari, in Verbindung mit dem Gewahrwerden der Schönheit der Natur und dem Erkennen der göttlichen Präsenz in allen Formen. Sie existiert aber auch als Mitgefühl in unserem Herzen, und wir erhalten ihre Gunst, wenn wir mit anderen teilen und uns um unsere Umgebung kümmern.*[1]
Die Annäherung an ihre Qualität geschieht durch die Meditation über die Strahlen der Sonne, durch das Betrachten der nährenden Kraft, welche von diesem wärmenden Leuchten ausgeht und alles zum Wachsen bringt.*[10] Sie entspricht dem Leben und der Liebe im Licht. Die Wahrnehmung dieser Ausstrahlung setzt den Prozeß der inneren Entfaltung in Bewegung, die durch Kamala verkörpert wird.

Kamala-Yantra

Die zehn Mahavidyas als Führerinnen in der Meditation

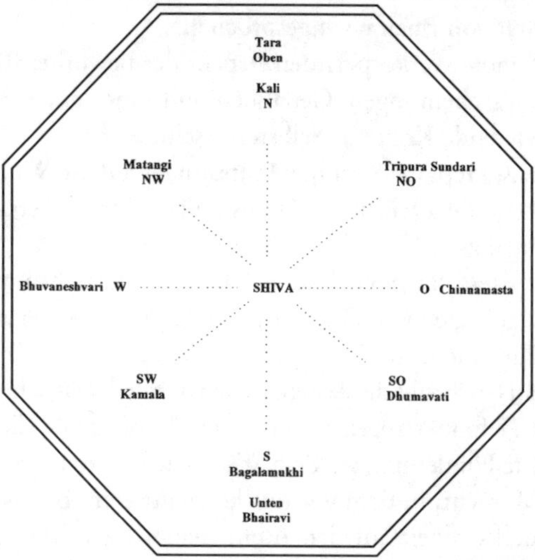

Die zehn kosmischen Kräfte der Göttin

Die zehn Formen der Göttin beschreiben unter anderem verschiedene Aspekte im Verlauf der Meditationspraxis. Dies wird durch die Hinweise zur Annäherung an die entsprechende Qualität der Göttin und durch die Beschreibung der Art der Verehrung ihrer jeweiligen Form in den vorangegangenen Kapiteln deutlich.

Die genaue Beschreibung einer bestimmten meditativen Praxis zu jeder einzelnen Form ist schwierig, da die Übergänge fließend sind. Als Teilaspekte des Ganzen wirken ihre Kräfte im lebendigen Zusammenspiel. In den beschriebenen Meditationstechniken und Übungen, die hier den Göttinnen zugeordnet sind, findet sich daher eine Kombination dieser verschiedenen Aspekte.

So zeigt die bei Kali beschriebene Technik der Betrachtung des Atems auch die Kraft von Tara durch die Achtsamkeit auf das Atemgeräusch. Wird dieses Geräusch als Mantra genutzt oder auch die Meditation zur regelmäßigen Disziplin *(Tapas)* gemacht, so wird damit die Qualität von Bhairavi angesprochen.
Tripura Sundari verkörpert den Aspekt der bewußten Betrachtung aller Erscheinungen, Gedanken und Emotionen. Sie stellt die motivierende Kraft zur Selbsterforschung dar.
Chinnamasta repräsentiert die Achtsamkeit auf die Wirbelsäule beim Auf- und Absteigen des Atems und die innere Betrachtung dieses Vorgangs.
Wird der Atem bis hoch in den Himmel und tief in die Erde erweitert, gelangen wir in den Bereich des Aspektes der Ausdehnung – Bhuvaneshvari.
Dhumavati beschreibt die Zeiten, wenn wir mit der täglichen Praxis an einem Tiefpunkt angelangt sind. Sie gibt die Kraft, dieses und auch andere Hindernisse auf dem Weg als Lehrer zu begreifen.
In dem Moment, in dem wir uns konzentrieren, beispielsweise die Aufmerksamkeit auf den Atem richten, wird die Qualität von Bagalamukhi angesprochen. Ihr Aspekt innerhalb des Ganzen wird auch durch das Stillhalten des Körpers in der Meditationhaltung repräsentiert.
Matangi ist die Kraft der Ekstase und versinnbildlicht die Hingabe als Basis für die Intuition, ähnlich wie die Hingabe der fünf Sinne in der Form von Chinnamasta als Basis für die Vision dient.
Kamala verkörpert die Handlung aus dem Bewußtsein des Allein-seins heraus zum Wohle aller Wesen. Sie ist die nicht egoistische Motivation, welche die Basis für jedes Reifen und Entfalten in der Meditation ist.
Mit den hier vorgestellten Göttinen und ihren Meditationsübungen sollen die Struktur, die Fülle und die Schönheit tantrischer Meditation vermittelt werden. Dadurch wird deutlich, daß es sich nicht um Kunstwerke einer vergangenen Tradition handelt, sondern um

Symbole lebendiger Kräfte der eigenen Natur, die wir heute wie früher nutzen können. Durch die Betrachtung der zehn Mahavidyas wird ersichtlich, daß die Verehrung der Göttin kein äußerer Prozeß, sondern ein innerer Weg ist.

Die Meditation über die Göttin ist eine Form der Selbstfindung. Die Übung mag mit der Bildbetrachtung beginnen, führt aber weit hinter die Grenzen von Namen, Form und Persönlichkeit. Die Göttin verkörpert das Geheime, Versteckte. Sie ist die innere, leitende Kraft, die Motivation, die uns drängt zu entdecken und die innere Wahrheit entfaltet. Sie repräsentiert das Wissen und schenkt den Segen des Verstehens. Als Bewußtseinsenergie ermöglicht sie das Erkennen der allem zugrundeliegenden Essenz und führt so auf dem Weg zur eigenen inneren Quelle.

Die Göttin in Gestalt der zehn Mahavidyas repräsentiert das göttliche Bewußtsein in seiner Funktion als Schöpfung auf allen Ebenen. Aus diesen Prinzipien oder Energiequalitäten bildet sich das Universum. Die zehn Mahavidyas enthüllen das innere Zusammenspiel von Universum und Psyche.[11] Sie zeigen die tiefen Wahrheiten des Lebens, die hinter der Anhaftung an Äußerlichkeiten versteckt liegen.

Wir können ihren Rhythmus erfahren und lernen, aber nicht die Richtung dieses Flusses bestimmen. Ihre Kräfte können durch Hingabe arbeiten, aber nicht befreiend wirken, wenn wir sie für den persönlichen Willen nutzen. Sie lehren uns, in die Tiefe zu schauen, und ihre Mitteilungen sind entsprechend inspirierend oder furchterregend. Die Formen der Göttin zeigen, daß Erschreckendes und Schönes einander bedingen und letztlich eins sind. Der Schrecken resultiert aus dem Ego, der Angst vor dem Loslassen. Die Schönheit entspringt dagegen aus dem Sichöffnen für das Neue und die Erfahrung der Einheit, die aus dem Segen entsteht, wenn die trennende egoistische Motivation losgelassen wird.

Jede dieser zehn Formen stellt einen Teil des Weges zur Selbstverwirklichung dar. Aus tantrischer Sicht ist dies der Weg, um das Leiden mit seinen Ängsten und Komplexen zu überwinden. Im kreativen Ausdruck besteht das Hauptanliegen darin, ein Medium zur Überwindung unserer Irrtümer und falschen Auffassungen zu gestalten. Damit soll ein Kontakt zum Überpersönlichen geschaffen werden, um sich führen zu lassen und mit dem höheren Selbst zu verschmelzen.

Die Konzentration auf die ewige Wandlung und das Zusammenspiel der Polaritäten ist durch die Achtsamkeit auf den Atem gegeben. Der Atemfluß und *Prana,* der Fluß der Lebensenergie, sind eng verbunden. Ein mit dem Atem vertrauter Yogi ist in der Lage, die unterschiedlichen Qualitäten von Prana nach Form und Farbe zu erkennen. In den Yantras, den geometrischen Formentsprechungen der Göttinnen, finden sich Kombinationen dieser Formen.

Inhalt und Bedeutung der Yantras ist am besten zu erfahren, wenn man sie sich selbst enthüllen läßt und ihre wahre Bedeutung in bewußter Betrachtung zu erforschen und zu entdecken sucht.

Die zehn Yantras der Göttin

Wesen und Funktion des Yantra

Das Wort *Yantra* bedeutet „Instrument", um die Achtsamkeit zu halten. In vergangenen Zeiten waren Yantras wichtige Werkzeuge zur Heilung. Dieses vergessene Wissen ist ein verborgener Schatz, der bis heute noch unentdeckt im Dunkeln unserer Vergangenheit liegt.

In Tantra werden Yantras genutzt, um die Kräfte des Unbewußten sowohl darzustellen als auch zu wecken. Mit Hilfe von Yantras können auf diese Weise tiefsitzende und unbewußte Prägungen und Erfahrungen ausgekundschaftet werden.

Traditionell wird der Platz zur Herstellung eines Yantra durch zeremonielle Rituale der entsprechenden Gottheit gereinigt. Der Künstler oder Yogi meditiert zuerst, um seinen Geist zur Ruhe zu bringen und zu zentrieren. Das Yantra muß in seiner Geometrie perfekt sein, so daß sich das Bewußtsein in die Höhe und Tiefe ausdehnen kann, um sich mit der Essenz der Schöpfung zu vereinen.

Auch der Prozeß selbst, ein Yantra zu zeichnen, ist eine kraftvolle Meditationsübung. Er erfordert eine hohe Konzentration, Achtsamkeit und Disziplin. Wer mit den Gedanken abschweift, wird schnell merken, daß eine Linie schräg oder zu weit gezogen wurde. Dies ist eine gute Übung und spiegelt den persönlichen Stand der Achtsamkeit – am Bild ablesbar – wider. Die Form und ihre Konstruktion enthüllt außerdem durch ihre innere

Gesetzmäßigkeit die Lehre der Göttin, als Mutter aller Formen, in einer geometrischen Symbolsprache.
Shiva und Shakti, Gott und Göttin bilden die der Schöpfung zugrundeliegende Ur-Polarität von Formlosigkeit und Form. Das Formlose ist die zentrale Realität aller Dinge, ihr Ursprung und Ende. Die Form trägt, durch die Bedingtheit von Form und Gegenform, das Gesetz der Dualität in sich. Die geometrische Verkörperung dieses Gesetzes zeigt sich in der Symmetrie des Kreises. Jeder Punkt auf der Kreislinie findet seine polare Entsprechung.

Die Geometrie des Yantra

Shiva und Shakti sind der Ursprung der Schöpfung. In ihrer geometrischen Darstellung repräsentieren sie das Selbst und sein Energiefeld als Handlungs- und Wahrnehmungsradius. Als zentraler Punkt und Umkreis bilden sie auch die Basis für den Aufbau des Yantra.

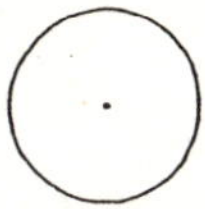

Der Punkt im Kreis ist außerdem ein gebräuchliches Symbol für die Sonne, die licht- und lebensspendende Kraft im Universum. Sie ist die nährende, wärmende Energie, die alles zum Wachsen bringt, die Welt beleuchtet und die Dinge erkennbar und bewußt werden läßt.

Das Sonnenlicht bestimmt die großen Kreisläufe, die Rhythmen, die unser Leben beherrschen. Im Kreislauf der Erde um die Sonne zeigt sich der Rhythmus der Jahreszeiten. In der Rotation der Erde um ihre eigene Achse bedingt das Licht der Sonne den Rhythmus von Tag und Nacht. Die Kreisbewegung symbolisiert den pulsierenden Rhythmus des Lebens, das ganze Spiel der Dualität von Schöpfung und Verfall, Geburt und Tod, auch von Bewußtem und Unbewußtem.

Diese Auf- und Abwärtsbewegung des Umkreises im Raum der Zeit, als fortlaufender Linienfluß dargestellt, zeigt eine Schwingung, die sich als Wellenbewegung vorstellen läßt.

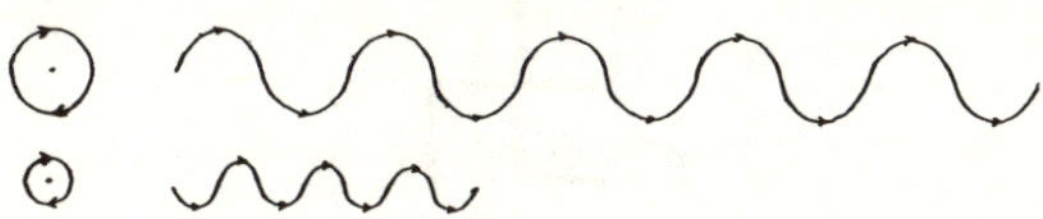

Je geringer der Radius, um so kleiner und feiner ist die Wellenbewegung und um so höher die so beschriebene Frequenz. Wenn es keinen Radius mehr gibt und Punkt und Umkreis eins werden, sind Shiva und Shakti vereint, und die Wellenbewegung auf dem Ozean der Erscheinungswelt wird zu einer ruhigen Wasseroberfläche – dem klaren Spiegel des Bewußtseins.

Der Punkt ist der zentrale Ursprung, der über seinen Radius den Umkreis bestimmt. Wie sich im Kapitel „Die Elemente im Schöpfungsprozeß" (siehe Seite 130 ff.) noch zeigen wird, bilden diese drei Qualitäten die erste Manifestation auf den drei Ebenen der Natur als

- Punkt
- vom Punkt ausgehende Kraft
- Schwingung, Klang oder Erscheinungsbild.

Diese drei Qualitäten finden ihre symbolische Entsprechung in den Symbolen •○⊕. Sie bilden die Grundstruktur des Yantra und sind in der Kreisform als ihr innewohnende Eigenschaft enthalten.

Der Punkt veranschaulicht die punktsymmetrische Gesetzmäßigkeit dieser Form. Die Betrachtung der Auf- und Abwärtsbewegung im Kreisverlauf läßt eine senkrechte Unterteilung erkennen, während die Richtungsumkehrung von links nach rechts und von rechts nach links eine waagerechte Unterteilung veranschaulicht. Gemeinsam bilden diese beiden Linien ein Kreuz ⊕, das die Wandlungspunkte im Kreisverlauf kennzeichnet. Es symbolisiert die Sonnenwendpunkte im Jahreslauf und erinnert an die verschiedenen Qualitäten der Himmelsrichtungen oder zeitlichen Entsprechungen im Tagesverlauf.

Das Symbol des Swastika repräsentiert diese scheinbare Bewegung der Sonne am Himmel vom irdischen Standpunkt aus betrachtet. Beobachten wir die Bewegung oder das Zeichen von der anderen Seite, ist die Bewegungsrichtung entgegengesetzt, gerade so, wie rechts und links sich als polare Erscheinung erweist, wenn sich zwei Menschen gegenüberstehen. Diese Transzendenz der subjektiven und objektiven Betrachtungsweise wird durch die Vereinigung dieser beiden Zeichen symbolisiert und bildet so die vier Eingangstore des Yantra.
Die geometrische Entsprechung der Zahl Drei wird durch das Dreieck dargestellt. Der Kreis und sein Radius bilden die Basis für die Konstruktion eines gleichseitigen Dreiecks (a).

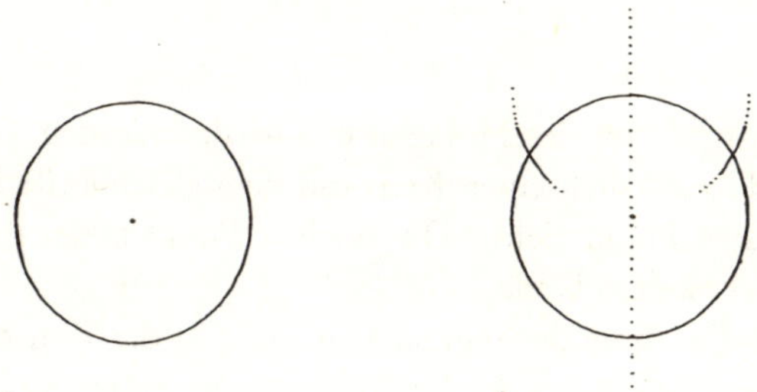

a. b.

Ziehe eine Senkrechte durch den Mittelpunkt des Kreises, um dessen höchsten und tiefsten Punkt zu finden. Ein mit der Spitze nach unten gerichtetes Dreieck entsteht, wenn du um den höchsten Punkt der Kreislinie einen Kreis mit dem gleichen Radius ziehst (b).
Der durch eine Senkrechte ermittelte tiefste Punkt des Kreises und die Schnittstelle der beiden Kreise ergeben die Eckpunkte des größtmöglichen gleichseitigen Dreiecks im Ursprungskreis (c).

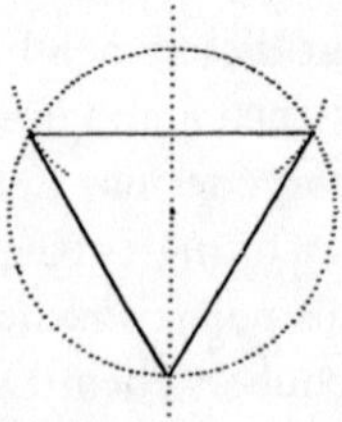

c.

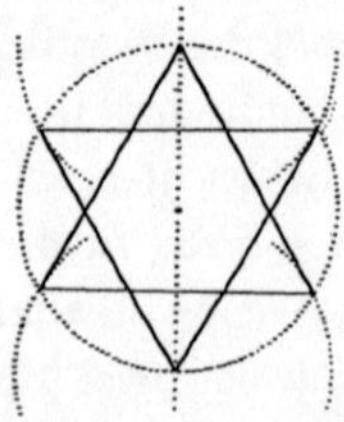

d.

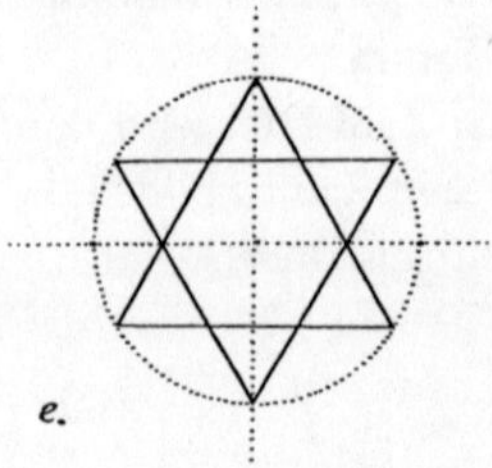

e.

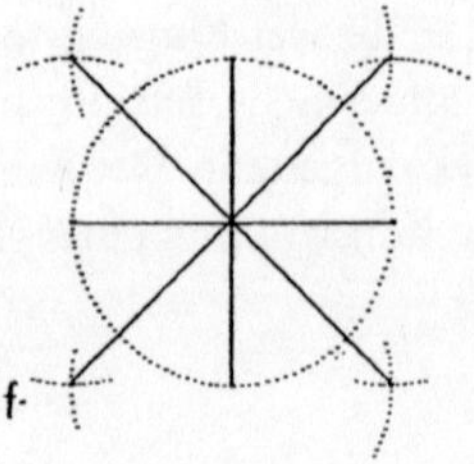

f.

Zur Konstruktion des Hexagramms wiederhole den Vorgang, indem du zusätzlich einen Kreis mit dem gleichen Radius um den tiefsten Punkt ziehst. Der höchste Punkt bildet dann die Spitze des zweiten Dreiecks (d).

Die Zuhilfenahme der senkrechten Linie in der Konstruktion dient zur Ausrichtung der Dreiecke mit der Spitze nach unten und oben. Die Unterteilung des Kreises in sechs gleiche Abschnitte und somit die Entstehung des Hexagramms ergibt sich schon allein durch die Konstruktion mit einem Zirkel. Als Ausgangspunkt dient jeder beliebige Punkt auf dem Kreis, um welchen mit gleicher Radiuseinstellung ein Kreis gezogen wird. Die Schnittpunkte der Kreise dienen dann als Mittelpunkte für weitere Kreise mit dem gleichen Radius. So werden die nächsten Schnittpunkte ermittelt.

Die polare Anordnung der Dreiecke in der Form eines Hexagramms bildet eine wichtige Grundform im Yantra-Aufbau. Durch diese Darstellung der Polarität eröffnet sich die Unterteil-

lung des Kreises in zwei und vier Abschnitte als Basis für das Quadrat (e).
Die Halbierung eines Abschnittes ist möglich, wenn Kreise um die Endpunkte dieses Abschnittes gezogen und die Schnittpunkte dieser beiden Kreise miteinander verbunden werden (f).
Dies zeigt die Konstruktionsbasis zur Aufteilung des Kreises für die Anordnung der Blütenblätter. Die zwölfblättrige Blüte des Sonnen-Mandala entsteht durch die Halbierung der sechs Kreisabschnitte. Die sechzehnblättrige Blüte des Mond-Mandala entsteht durch die Halbierung der acht Kreisabschnitte.
Die einzelnen Blütenblätter werden aus kleineren Kreisen mit dem Durchmesser des entsprechenden Kreisabschnittes auf dem Ursprungskreis gebildet. Der Mittelpunkt dieser kleineren Kreise befindet sich auf dem Ursprungskreis und hilft zur Orientierung für die Lokalisierung der Blütenblattspitzen (g).

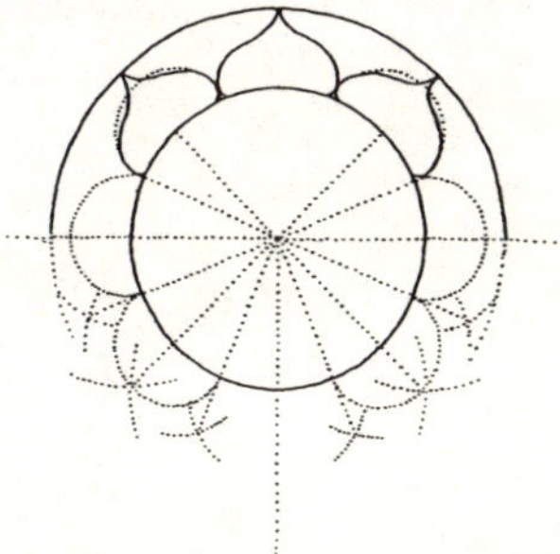

g.

Dies veranschaulicht, wie der Punkt in seiner Ausdehnung, dem Kreis, die Basis für die Konstruktion der gesamten Yantra-Symbolik darstellt.
Punkt, Kreis, Dreieck, Sechseck und Quadrat sind geometrische Grundelemente und dienen als Symbole für die Basisqualitäten der Elemente. Die Dreiecksform ist dynamischer Natur und zeigt, wenn wir von einer Seitenkante als Basis ausgehen, immer mit der gegenüberliegenden Spitze eine Richtung an.

Auch die Gestaltung der Blütenblätter ist von unglaublicher Aussage- und Wirkungskraft. Das Blütenblatt ist ebenfalls eine Dreiecksform, jedoch mit geschwungenen Seitenkanten. In Verbindung mit der Basislinie auf dem Kreis verkörpert es eine nach außen gerichtete Energie und symbolisiert so Entfaltung, Sichöffnen oder Ausdehnen. Durch die geschwungenen Seitenkanten wird die Assoziation von Schwingung nahegelegt. Dies vermittelt in einzigartiger Weise durch die graphische Bildersprache, über die Anzahl der Blütenblätter, die Aussage über die entsprechende Schwingungsfrequenz.
Die im Klangbild sichtbar gewordene Schwingung verdeutlicht diesen Zusammenhang.

© Lauterwasser

© Lauterwasser

Klangbilder von Alexander Lauterwasser mit der Technik von Audio-Labor Lua

Diese beiden Bildbeispiele zeigen die Schwingungen in einem Wassertropfen. Der Wassertropfen gibt einen Einblick, in welcher Beziehung Yantra und Mantra zueinander stehen – besonders wenn wir uns der Tatsache bewußt sind, daß ein großer Teil unseres Körpers aus Wasser besteht.
Sehr interessant in diesem Zusammenhang sind auch die Proportionen unseres Körpers, was sich speziell bei der Betrachtung des Shri-Yantra zeigt. Dieses Yantra, das in diesem und im folgenden Kapitel noch detaillierter behandelt wird, bildet einen besonderen Blickfang und ist von erstaunlich beeindruckender Kraft. Dies re-

sultiert sicherlich aus der ungeheuren Dynamik, die durch seinen Aufbau ausschließlich aus Dreiecken gegeben ist, aber auch aus der merkwürdigen Asymmetrie der zentralen Dreiecke. Diese beruht auf der Gesetzmäßigkeit des Goldenen Schnitts.

Der Goldene Schnitt ist ein Maß, das sich durch rationale Zahlen nicht ausdrücken läßt, sondern das man nur durch die Konstruktion erhält. Es ist die stetige Teilung einer Strecke, und zwar in der Weise, daß sich die Länge der gesamten Strecke zum großen Teilstück (Makrokosmos) so verhält wie dieses große Teilstück zum kleinen Teilstück (Mikrokosmos).

Beim Menschen befindet sich der Goldene Schnitt auf der Höhe des Nabels. Das Shri-Yantra stellt den Nabel der göttlichen Mutter dar. Der amerikanische Physiker Patrick Flanagan bezeichnet es als „King of Power Diagram", dessen energetische Wirkung 70mal größer als die einer Pyramidenkonstruktion sei[12].

Die folgende Beschreibung zum Aufbau des Shri-Yantra nach dem *Saundarya-Lahari*[*12] bietet eine Möglichkeit, selbst den Bereich seiner Konstruktion zu erforschen:

„Ziehe einen Kreis mit einer imaginären vertikalen Linie als Durchmesser. Teile diesen Durchmesser in 48 gleiche Teile und markiere den 6., 12., 17., 20., 23., 27., 30., 36. und 42. Teil von oben nach unten. Ziehe neun Linien im rechten Winkel zu diesem Durchmesser durch diese neun markierten Punkte. Numeriere die Punkte bzw. Linien von oben nach unten.

Radiere von der

Linie	Nr. 1	$^{1}/_{6}$ ihrer Länge von beiden Seiten weg.
	Nr. 2	$^{5}/_{48}$
	Nr. 4	$^{1}/_{3}$
	Nr. 5	$^{3}/_{8}$
	Nr. 6	$^{1}/_{3}$
	Nr. 8	$^{1}/_{12}$
	Nr. 9	$^{1}/_{16}$

Zeichne Dreiecke von den so entstandenen Endpunkten der Linien Nr. 1, 2, 4, 5, 6, 8 und 9 als Dreiecksbasis zu den Mittelpunkten der Linien Nr. 6, 9, 8, 7, 2, 1 und 3 als Dreiecksspitze. Zeichne zwei weitere Dreiecke mit den Linien Nr. 3 und 7 als Basis und dem unteren und oberen Endpunkt des Durchmessers als Spitze.

Auf diese Weise ergeben sich 43 nach außen gerichtete Dreiekke. In ihrer Anordnung befindet sich eines in der Mitte, acht Dreiecke liegen um dieses herum; um diese acht befinden sich wiederum zwei Gruppen von je zehn Dreiecken, und eine Gruppe von vierzehn Dreiecken umgibt das Ganze.

Markiere acht gleiche Abschnitte auf dem Kreis, wobei du von dem obersten Punkt ausgehst, und konstruiere über jedem dieser Punkte die acht Blütenblätter. Ziehe dann einen Kreis darum, der das äußere Ende dieser Blütenblätter berührt. Unterteile diesen Kreis in sechzehn gleiche Abschnitte und zeichne sechzehn Blütenblätter darüber. Umschließe diesen Kreis mit zwei konzentrischen Kreisen.

Konstruiere nun drei Quadrate um den äußeren Kreis, deren Seiten den gleichen Abstand zueinander haben. Das innere Quadrat berührt den äußeren Kreis nicht. Markiere die vier Eingänge an den vier Seiten, jeden im gleichen Abstand zu den Endpunkten der Seiten.

Diese Figur bildet das Shri-Chakra.“

Die folgende Darstellung veranschaulicht den hier beschriebenen Weg. Bei der Konstruktion kann es eine Hilfe sein, wenn wir das Maß der 48 Teile, die den Durchmesser untergliedern, als eine Einheit betrachten. Das gesamte Yantra benötigt für seine Konstruktion einen Raum von 96 Einheiten, 24 davon oberhalb und 24 unterhalb des Durchmessers. Der *Bindu* im Zentrum kann mit dem Durchmesser einer Einheit gezeichnet werden. Die beiden Kreise, die den äußeren Blütenkreis umschließen, befinden sich im Abstand von einer Einheit zuein-

ander. Auch die Linien der drei Quadrate haben diesen Abstand.
Für die Gestaltung der vier Eingangstore radiere zehn Einheiten aus jeder Seitenmitte des Quadrates heraus.

Konstruktionsmodell für das Shri-Yantra

Die 48 Teile sind durch die Punkte auf dem Durchmesser gekennzeichnet und die entsprechenden Linien numeriert. Die anderen gepunkteten Linien dienen dazu, den Konstruktionsprozeß sichtbar werden zu lassen.
Aufgrund von Ungenauigkeiten, die allein schon durch den Raum entstehen können, den die Stärke einer Linie einnimmt, treten bei der praktischen Durchführung oft Schwierigkeiten auf. Wichtig bei der Konstruktion des inneren Bereiches ist, daß sich die Linien an den entsprechenden Überschneidungspunkten exakt treffen. Diese Punkte, die sich durch die Kreuzung von drei Linien ergeben, werden als *Marmas* bezeichnet. Es heißt, daß sie die sensitiven Punkte des menschlichen Körpers darstellen, durch welche der Tod eintreten kann. An der Kreuzung von zwei Linien liegen die Gelenke des Körpers.
Das Shri-Yantra steht in Beziehung zum grob- und feinstofflichen Körper sowie zum Universum. Es veranschaulicht das Gesetz der göttlichen Mutter in den drei Welten, Tripura Sundari.

Kosmos und Körper

Geometrie und Astrologie

Geometrie und Astrologie stehen in einem engen Zusammenhang. In astrologischen Darstellungen entspricht der Tierkreis, die von der Erde aus wahrgenommene scheinbare Umlaufbahn der Sonne in einem Jahr, den 360° des Kreises. Jedem der zwölf Tierkreiszeichen werden 30° zugeordnet. Es liegt daher auch nahe, daß die Maßeinheit für 1°, das heißt für 360° in einem Kreis, auf den Phasen von Tag und Nacht während eines Jahres begründet ist. Der zentrale Punkt in diesem Tierkreis repräsentiert den Standpunkt des Betrachters, die Erde.

Die Astrologie beobachtet die Beziehung der uns umgebenden Gestirne und die zeitgleichen Ereignisse in der Natur sowie deren Auswirkungen auf Psyche und Körper. Aus diesen Betrachtungen haben sich charakteristische Eigenschaften von bestimmten Winkelbeziehungen der Planeten zueinander ergeben. Die der Dreiecksstruktur zugrundeliegenden Beziehungen werden meist als harmonisch und konfliktfrei angesehen, während die dem Quadrat zugeordneten Winkelbeziehungen der ihm zugesprochenen Starrheit entsprechen und oft Konflikt und Auseinandersetzung fordern.

Die kontinuierliche Bewegung der Himmelskörper erinnert an den stetigen Wandlungsprozeß und den unaufhörlichen Fluß der Zeit, dem alle Erscheinungen unterliegen. Auch die Betrachtung

der Zeitgesetze der Planeten zeigt geometrische Formen, welche diese Himmelskörper an den Himmel zeichnen. Zum Beispiel benötigt Saturn, bis wir ihn wieder an der gleichen Stelle am Himmel sehen, das heißt für einen Umlauf, $29^1/_2$ Jahre. Jupiter vollzieht einen Umlauf in 12 Jahren. Alle 20 Jahre treffen sich diese Planeten. Diese „große Konjunktion" tritt immer in einem Abstand von rund 120° zu ihrem letzten Vereinigungspunkt ein. Im Laufe von 60 Jahren zeichnen sie so ein großes Dreieck an den Himmel.
Venus steht sehr nahe an der Sonne, manchmal erscheint sie als Morgenstern und manchmal als Abendstern. Jede diese Perioden dauert acht Monate. Der Frühaufgangspunkt der Venus erfolgt immer nach einer Konjunktion mit der Sonne. Verbindet man diese Punkte im Tierkreis miteinander, so entsteht ein fünfzackiger Stern am Himmel. Betrachten wir das Verhältnis von Venus zur Sonne, so zeigt sich, daß die Venus in 8 Jahren 13 Sonnenumläufe vollführt. Das Verhältnis 13:8 entspricht dem Goldenen Schnitt, der auch als Maßeinheit dem Pentagramm zugehörig ist.
Der Umlauf des Mondes, bis er wieder im gleichen Tierkreiszeichen am Himmel erscheint, beträgt $29^1/_2$Tage. Der Umlauf der Sonne beträgt 12 Monate. Auf diese Weise entspricht ein Mondmonat einem Saturnjahr, und ein Sonnenmonat entspricht einem Jupiterjahr.
Auch die vedische Astrologie arbeitet mit diesen großen Rhythmen und Räumen der Zeit.

Die Göttin in der vedischen Astrologie

Die vedische Astrologie wird als *Jyotish* bezeichnet, die „Wissenschaft von Licht".
Wie die Manifestation von Durga und auch das Feueropfer von Sati verdeutlichen, steht die Erscheinungsform der Göttin in

direktem Zusammenhang mit Licht. Die Entstehung Durgas durch die Vereinigung der Kräfte und die zehn Formen, die aus Satis Opfer hervorgingen, zeigen die zwei Seiten ihrer Lichtnatur. Die Verehrung der Göttin ist somit in zwei Phasen geteilt, die auf dem zunehmendem und dem abnehmenden Mond beruhen. Allgemein bezeichnet der Mond die weibliche Kraft. Der zunehmende Mond repräsentiert Durga, der abnehmende Mond Kali und die anderen Mahavidyas. Die zehn Formen der Göttin werden den sieben Planeten, den beiden Mondknoten (Rahu und Ketu) und dem Aszendenten zugeordnet.
Da Durga und die zehn Mahavidyas als Kräfte betrachtet werden, die das Böse besiegen können, werden sie in der vedischen Astrologie unter anderem auch dazu genutzt, um negative planetarische Einflüsse zu überwinden. Dafür sollte als erstes die Natur des Problems und dann der diesem entsprechende Planet herausgefunden werden.
Kali wird beispielsweise verehrt, um die negativen Effekte von Saturn zu beseitigen. Die Verehrung von Tara befreit von negativen Einflüssen des Planeten Jupiter. In der Hindu-Mythologie ist Tara die Gemahlin von Jupiter. In ähnlicher Weise, wie die Qualitäten von Saturn und Jupiter als zwei große Lehrer beschrieben werden, bezeichnet der indische Astrologe S. Rath Kali und Tara als die beiden eigentlichen Mahavidyas oder „großen Weisheiten".

Die zehn Formen der Göttin und ihre planetarischen Entsprechungen sind:

Kali	–	Saturn
Tara	–	Jupiter
Tripura Sundari	–	Merkur
Bhuvaneshvari	–	Mond
Bhairavi	–	Aszendent

Chinnamasta	–	Rahu
Dhumavati	–	Ketu
Balagamukhi	–	Mars
Matangi	–	Sonne
Kamala	–	Venus

Generell wird der Zodiak als weibliches Feld betrachtet und die Planeten als männliche Energie, da sie das Feld des Tierkreiszeichens pflügen. Als spirituelle Führerin weist die Göttin durch ihre jeweilige Form auf Wege der Annäheung hin. Die Beschreibung in der Meditationsform wird genutzt, um sie zu visualisieren, und das entsprechende Mantra kann im Zusammenhang mit dem zugehörigen Yantra fokussiert werden.
Das Yantra kann auch als Gefäß der entsprechenden Kraft genutzt werden, indem es in einer bestimmten Weise angefertigt und gereinigt wird. So kann es als Schutz am Körper getragen oder auch im Raum aufgestellt werden und dadurch seine Wirkung entfalten.
Das Shri-Chakra oder Shri-Yantra ist das dafür gebräuchlichste Gefäß und kann allgemein eingesetzt werden, da es den ganzen Kosmos darstellt. Es symbolisiert den Körper der dritten Mahavidya, Tripura Sundari, der die gesamte Natur in ihrer Erscheinungsform repräsentiert und die Erfahrung der Schönheit der Natur durch das Auge der Einheit vermittelt.
Tripura Sundari wird in planetarischer Entsprechung mit Merkur in Verbindung gesehen. In der griechischen Mythologie ist Merkur der Götterbote und steht auch in Zusammenhang mit Kommunikation, Verstehen und Wissen. Dies macht verständlich, daß das Shri-Yantra auch für die Verehrung aller Weisheitsaspekte der Göttin genutzt wird.
Ein anderer Name für Tripura Sundari ist *Sodashi* – „sechzehn". Beschrieben wird sie als ein wunderschönes Mädchen von 16 Jahren. Die Zahl symbolisiert aber auch die 15 Phasen des Mondes

zwischen Neumond und Vollmond. Sodashi, 16, ist der volle Mond.
In der Astrologie steht der Mond für das Weibliche, die Mutter. Er reflektiert das Licht der Sonne in verschiedenen Phasen. Bei Neumond befindet er sich in Konjunktion mit der Sonne, und bei Vollmond steht er ihr direkt gegenüber. Er wird mit der eigenen Reflexion, der inneren Wahrnehmung und Reaktion in Verbindung gesehen.
Die Zyklen des Mondes beeinflussen uns. In seiner Reise durch den Tierkreis spiegelt er unsere Reaktion auf bestimmte Qualitäten wider. Unbewußt reagieren wir mit der uns jeweils entsprechenden Emotion. Die Bewegung des Mondes bietet so aber auch die Möglichkeit der bewußten Betrachtung dieser Vorgänge von Ebbe und Flut in uns. Wenn wir uns nicht mit der Emotion identifizieren und darauf reagieren, sondern sie als neutraler Beobachter in ihrer zyklischen Wiederkehr betrachten, können wir sie in ihren verschiedenen Gestalten erkennen lernen.
Astrologisch wird die Mondqualität auch mit dem Zuhause assoziiert: Damit ist zum einen gemeint, wo wir herkommen, aber auch der Ort der Regeneration, wo wir uns von dem äußeren Geschehen zurückziehen in die inneren Räume und das Erlebte verarbeiten. Dies veranschaulicht die Beziehung des Weiblichen zu den Bewußtseinsformen sowie auch zur Einkehr nach innen in der Meditation und macht die Göttin in ihren Formen als spirituelle Führerin verständlich.

Der kosmologische Hintergrund der vedischen Astrologie

Die Formen der Göttin beschreiben durch ihre Qualität eine Nutzung der planetarischen Kräfte auf dem Weg zur eigenen Mitte (Näheres im Text zu den Meditationskarten, vgl. Seite 193 ff.). Da sie den spirituellen Umgang mit den Energien der Planeten verdeutlichen, können sie nicht nur für den vedischen, sondern auch für den sich am westlichen Modell orientierenden Astrologen hilfreich sein und Anwendung finden. Das Verständnis der Planetenkräfte und deren Zuordnung ist in beiden Systemen ähnlich. Auch die den Tierkreiszeichen zugeordneten Entsprechungen unterscheiden sich nicht.

Der Unterschied besteht in der Festlegung des Tierkreises. Die westliche Astrologie betrachtet den Frühlingspunkt der Tagundnachtgleiche als Fixpunkt für die Festlegung von 1° Widder. Dieser Punkt ist aber kein fixer Punkt, sondern jedes Jahr, wenn die Sonne diesen Frühlingspunkt erreicht, ist die Erde um 50,3 Sekunden weiter westlich als im vorhergehenden Jahr. Auf diese Weise wandert der Punkt der Frühlings-Tagundnachtgleiche auf der Ekliptik rückwärts. Der Abstand zwischen dem Anfang des Sternbildes Widder und diesem Frühlingspunkt wird *Ayanamsa* genannt. Dies veranschaulicht, daß die westliche Astrologie einen beweglichen Zodiak beobachtet, das vedische Astrologiesystem dagegen einen fixen Zodiak. 1° Widder wird hier durch einen fixen Stern in der Revati-Gruppe von Sternen festgelegt. Im Jahre 285 n. Chr. waren beide Tierkreise identisch, heute (d. i. 2001) beträgt *Ayanamsa* 23° 52' 18".

Ungeachtet dieser Differenzen ist die Betrachtungsweise und die Beschreibung der rhythmischen Zeiträume mit Hilfe von göttlichen Qualitäten ein wunderbares Mittel, die unübersichtlichen und trockenen mathematischen Berechnungen der Gestirnsstände in ihrer Lebendigkeit und Wesenhaftigkeit verständlich zu machen. Diese Art der Beschreibung wurde von der modernen materiellen Sichtweise der Dinge zwar als überholt betrachtet und als naiv belächelt. Bei einer genaueren Betrachtung spiegelt diese sogenannte moderne Sichtweise, vor dem Hintergrund des alten Bildes, jedoch die Ignoranz unseres Zeitgeistes wider. Die Betrachtung unseres momentanen Standes im Zeitraumgefüge aus vedischer Sicht macht dies deutlich.

Die folgende Beschreibung bezieht sich auf Swami Shri Yukteshwar Giri:*[2]

„Monde umkreisen ihre Planeten. Planeten drehen sich um ihre Achse und umkreisen mit ihren Monden die Sonne. Die Sonne mit ihren Planeten und deren Monden hat einen dualen Partner und umkreist diesen in 24.000 Jahren. Dieses Phänomen verursacht die rückläufige Bewegung des Frühlingspunktes der Tagundnachtgleiche auf der Ekliptik.

Die Sonne hat eine weitere Bewegung, mit der sie langsam ein größeres Zentrum umkreist. Hier ist der Sitz der kreativen Energie – Brahma, die universelle elektromagnetische Strahlung. Brahma reguliert die geistige Kraft der inneren Welt, Dharma. Wenn die Sonne in ihrer Umdrehung um ihren dualen Partner den nächsten Punkt erreicht hat, ist die geistige Kraft auf ihrem Höhepunkt. In diesem Zeitraum ist die spirituelle Intelligenz hoch entwickelt.

Dieser Zeitpunkt ist dann erreicht, wenn der Punkt der Herbst-Tagundnachtgleiche auf 1° Widder fällt. Nach 12.000 Jahren, wenn die Sonne in ihrem Umlauf um den dualen Partner den entferntesten Punkt zu diesem Zentrum erreicht hat, befindet sich der Punkt der Herbst-Tagundnachtgleiche auf 1° Waage. Die geistigen Fähigkeiten sind in diesem Zeitraum so stark reduziert, daß das individuelle Fassungsvermögen kaum über die grobstoffliche, materielle Erfahrung der Welt hinausreicht. Wenn die Sonne sich in ihrer Laufbahn wieder dem Zentrum nähert, beginnen die geistigen Fähigkeiten sich wieder zu entfalten. Innerhalb von 24.000 Jahren vervollständigt die Sonne diesen Kreislauf um ihren Partner."*2

Manche Astrologen beschreiben diesen Partner als dunkles Gegenüber, als einen schwarzen Zwergstern, ein schwarzes Loch. Diese Sichtweise deckt sich auch mit den Beobachtungen der modernen Wissenschaft. Dies bedeutet, daß – wenn der duale Partner sich zwischen dem galaktischen Zentrum und unserem Sonnensystem befindet – die Strahlung dieses Zentrums absorbiert wird. Die verschiedenen geistig lichten und dunklen Phasen, durch die sich unser Sonnensystem bewegt, werden als Goldenes, Silbernes, Bronzenes und Eisernes Zeitalter *(Satya-, Treta-, Dwapara-* und *Kali-Yuga)* beschrieben.

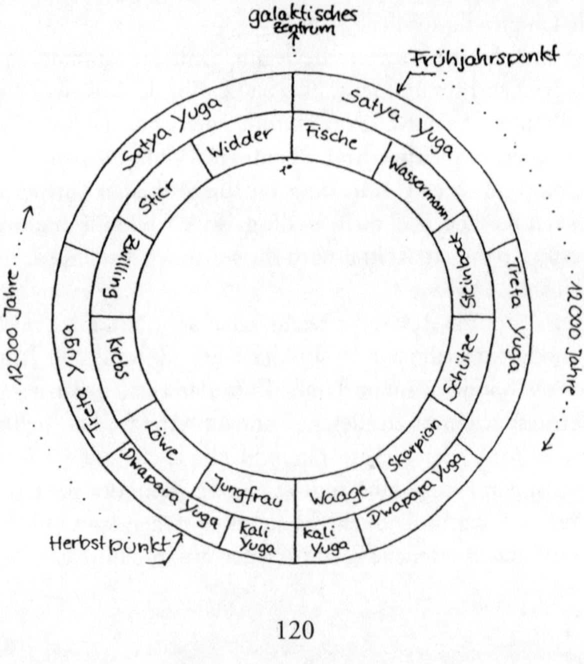

Dieses Diagramm (nach Swami Shri Yukteshwar Giri) stellt die Einteilung der verschiedenen Zeitalter nach der Überlieferung des Sehers Manu aus dem Satya-Yuga dar. Nach seiner Berechnung haben wir die dunkle Phase des Kali-Yuga beendet und befinden uns in Dwapara-Yuga. Er erkennt in der Entdeckung der Gravitation und der Erfindung der Elektrizität das Gewahrwerden der magnetischen und elektrischen Eigenschaften, die mit dem großen Zentrum in Verbindung stehen.

Die alten Seher sprechen von fünf kosmischen elektrischen Energien, den *Tanmatras*. Die verschiedenen Eigenschaften dieser Energien werden leicht verständlich, wenn wir unseren eigenen Körper betrachten. Hier entsprechen die Nerven der elektrischen Natur. Jeder der fünf sensorischen Nerven hat seine charakteristische und einzigartige Funktion. Der optische Nerv überträgt das Licht, der auditive Nerv überträgt nur Klang usw.

Aus tantrischer Sicht hat alles, was sich in uns ereignet, seine Entsprechung im Universum. So wie Geburt, Heranwachsen, Altern und Tod oder die Tage, Monate und Jahre für uns auf der Erde existieren, so gibt es auch eine Entsprechung in den größeren Zyklen der Weltzeitalter.

Die Darstellung des Sonnenumlaufes um ihren dualen Partner verdeutlicht die Entfernung des dem galaktischen Zentrum am nächsten liegenden Punktes bis zum entferntesten Punkt als einen Zeitraum von 12.000 Jahren. Dieser Zeitraum entspricht einem Jahr der Götter. Tausend dieser göttlichen Jahre entsprechen einem Tag und einer Nacht im Leben von Brahma; diese Zeitspanne wird auch ein *Kalpa* oder ein Aeon genannt.

Brahmas Leben umfaßt hundert Jahre (864.000.000.000 Erdenjahre). Ein Kalpa hat die Eigenschaft, daß sich die Planeten innerhalb dieses Aeons in 0° Widder treffen. Aus diesem Grund vollzieht ein Planet eine bestimmte Anzahl von Umkreisungen in einem Kalpa. Auch der durch Brahmas Leben beschriebene große Zyklus wird in verschiedene Zeitepochen unterteilt, die von entsprechend längerer Dauer sind.

Die tantrische Vorstellung von Zeit steht in direktem Zusammenhang mit dem Atem. Der persönliche Atemrhythmus wird in Relation zu diesen kosmischen Zyklen gesehen. Als ein Symbol für den menschlichen Körper und die kosmische Evolution befindet sich das Shri-Yantra innerhalb dieses „Rades der Zeit".

Die Struktur des Shri-Yantra

Das Shri-Yantra als kosmisches Modell

Das Shri-Yantra beschreibt den Nabel der göttlichen Mutter. Damit stellt es die Entfaltung des Kosmos und gleichzeitig den Ursprung der eigenen Existenz dar. Es repräsentiert die makro- und mikrokosmische Entwicklung in ihrer Grundstruktur und zeigt das Zusammenspiel der Urenergien als etwas Gemeinsames und mit dem Kosmos Verbindendes.

Das dreischichtige äußere Quadrat steht für die Materie in ihren drei Zustandsformen: fest, flüssig und gasförmig. An den Seiten dieses Quadrates befinden sich die vier Eingangstore. Die äußere Ebene bezieht sich auf die räumliche Richtungsqualität, die mittlere steht in Beziehung zu den Sinnen und die innere zu den Emotionen.

Der sechzehnblättrige Blütenkreis repräsentiert das Mond-Mandala und steht für die verschiedenen Strahlen der Mondqualität: die fünfzehn Phasen des Mondes und den vollen Mond. Der Mond bleibt zwar der gleiche, erscheint jedoch je nach Phase unterschiedlich, und entsprechend auch die jeweilige Form der Göttin. Die verschiedenen Mondstrahlen symbolisieren die Modifikationen der Göttin, die drei Ebenen der Natur und die fünf Elemente (3 x 5 = 15 und der volle Mond = 16).

Der achtblättrige Blütenkranz zeigt die acht Aspekte der Realität, die drei Ebenen und die fünf Elemente.

Die im Inneren dieser Blütenkreise sich befindenden Dreiecke symbolisieren – mit der Spitze nach unten gerichtet – die Urqualitäten der Materie auf den verschiedenen Ebenen und – mit der Spitze nach oben gerichtet – die verschiedenen Ebenen des Geistigen. Durch das Ineinanderschwingen dieser polaren Strömungskräfte entstehen kleinere Dreiecke, die wiederum Kreise in konzentrischer Anordnung bilden. Diese stellen die unterschiedlichen Ebenen der Durchdringung von Geist und Materie dar. Die Anordnung der Dreiecke veranschaulicht auf diese Weise die tantrische Sicht des Universums und seine Beziehung zum Körper.

Das Shri-Yantra hat fünf große, mit der Spitze nach unten gerichtete Dreiecke, in denen sich die fünf kosmischen Energien oder *Tanmatras* manifestieren:

Klang	Berührung	Form	Geschmack	Geruch

Diese liegen den fünf Elementen oder *Tattvas* zugrunde:

Äther	Luft	Feuer	Wasser	Erde

Durch die fünf Wahrnehmungstore oder *Gyanendriyas* stehen wir mit ihnen in Verbindung:

Hören	Fühlen	Sehen	Schmecken	Riechen

Die korrespondierenden Organe der Handlung oder *Karmendriyas* sind:

Mund	Hände	Füße	Genitalien	Ausscheidungen

In den Gewebeformen des Körpers sind sie vertreten als:

Haut	Nerven	Fleisch	Fett	Knochen

Die fünf nach unten gerichteten Dreiecke des Shri-Yantra

Die vier mit der Spitze nach oben gerichteten Dreiecke repräsentieren die männliche Energiequalität und existieren als Sein *(Chitta),* Intellekt *(Buddhi),* Ich-Bewußtsein oder Ego *(Ahamkara)* und Geist *(Manas).*

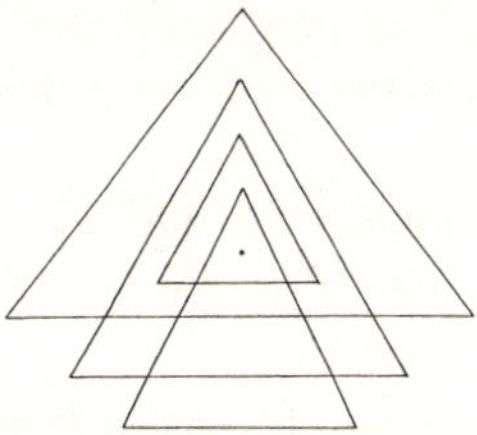

Die vier nach oben gerichteten Dreiecke des Shri-Yantra

Diese nach oben und nach unten gerichteten Dreiecke bilden in ihrer gegenseitigen Durchdringung weitere kleinere Dreiecke. Dies ist vergleichbar mit der männlichen und weiblichen Kraft im Kosmos, die durch ihre Vereinigung verschiedene Objekte in der Welt der Phänomene bilden.

Aus den fünf weiblichen Dreiecken geht die Schöpfung, aus den vier männlichen die Auflösung hervor. Aus ihrer Vereinigung ergibt sich die Entwicklung des Shri-Yantra. Die vier väterlichen Dreiecke entsprechen den Strahlen der Sonne sowie den zwölf Monaten oder Tierkreiszeichen (4 x 3 = 12). Die fünf mütterlichen Dreiecke stehen für die Phasen des Mondes. Durch die Vereinigung von Sonne und Mond wird der Nektar befreit.[13]

•

Der zentrale Punkt, Bindu, stellt den Samen des Universums dar, die göttliche Mutter in Vereinigung mit dem „Einen".

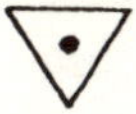

Das zentrale mittlere Dreieck wird durch die Strahlen des Bindu gebildet. Die Seiten dieses Dreiecks stehen in Beziehung zu den drei grundlegenden Eigenschaften der Manifestation, den drei *Gunas:*

- *Tamas:* das Träge, Dunkle. die Unwissenheit
- *Rajas:* das Feurige, die Aktivität
- *Sattva:* das Reine und Lichte, das Geistige

Ein weiterer Ausdruck dieser drei Seiten kann auch in der Beziehung zu den drei Bewußtseinsformen von Tiefschlaf, Traum und Wachzustand gesehen werden.
Die anderen kleinen Dreiecke, die sich aus dem Ineinanderschwingen der großen Dreiecke ergeben, bilden konzentrische Ringe um das Zentrum. Dies erinnert an das Bild eines Regentropfens, der auf eine glatte Wasseroberfläche fällt und dabei eine ringförmige Wellenerscheinung und deren Ausbreitung erzeugt. Das Shri-Yantra ist wie die kristalline Darstellung einer vergleichbaren Bewegung.
Diese verschiedenen Ringe aus Dreiecken stehen mit den Chakras des menschlichen Körpers in Beziehung. Das äußere Quadrat symbolisiert die grobstoffliche Ebene und die untere Körperregion, der Bindu im Zentrum das Scheitel- oder Kronenchakra. Aus diesem Grunde wird das Shri-Yantra räumlich in der Form eines Berges dargestellt, wobei der zentrale Punkt den Gipfel bildet. Es symbolisiert den Weltenberg Meru, dessen zentrale Achse die Wirbelsäule im Körper darstellt.

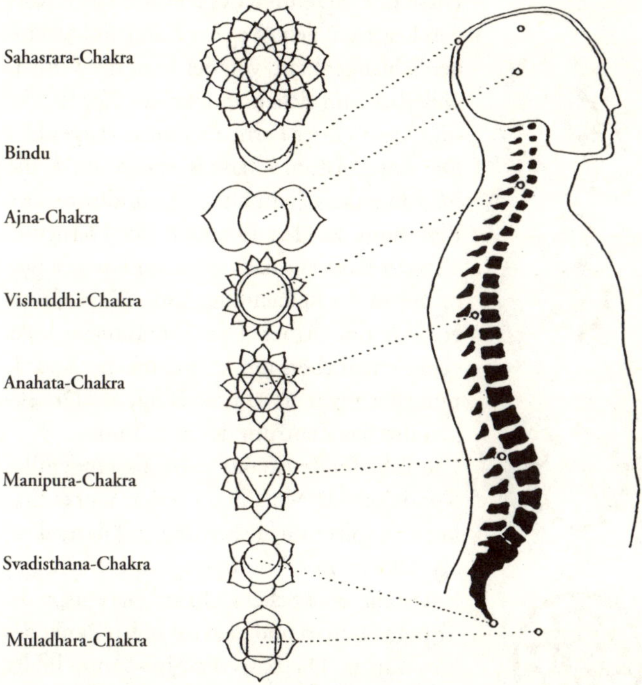

Lokalisierung und symbolische Darstellung der Chakras

Das Shri-Yantra und die Chakras

Die Abbildung auf Seite 127 zeigt die Lokalisierung der Chakras entlang der Wirbelsäule. Diese Energiezentren des feinstofflichen Körpers liegen auf dem Weg der Kundalini-Shakti, der Schlangenkraft, von der Basis der Wirbelsäule bis zum Scheitelpunkt des Kopfes. Sie sind hier in ihrer Form als Yantras dargestellt. Die unteren fünf Chakras zeigen durch die im Blütenkreis enthaltene Grundform ihre Beziehung zu den Energien der Elemente. Von der Basis aus nach oben sind diese angeordnet in der Reihenfolge: Erde, Wasser, Feuer, Luft und Äther. Die Abbildungen links veranschaulichen die konzentrische Anordnung der zuvor erwähnten Ringe aus Dreiekken um das Zentrum des Shri-Yantra.

Die schlafende Shakti ruht als eingerollte Kundalini im Muladhara- oder Wurzelchakra. Die voll erwachte Schlangenkraft residiert als Shakti in Vereinigung mit Shiva im Sahasrara- oder Scheitelchakra. Sie entspricht Tripura Sundari und dem zentralen Punkt des Shri-Yantra. Die Basis des Shri-Yantra bildet das äußere Quadrat mit den Eingangstoren. Dies gibt ein Verständnis für die räumliche Dimension und Orientierung auch durch die mittels der Eingangstore angezeigten Himmelsrichtungen.

Durch die Form der Wirbelsäule ebenso wie auch die konzentrische Anordnung der Ringe im Yantra wird Bewegung vermittelt. Damit wird eine rhythmische wellenartige Bewegung assoziiert – eine Bewegung, wie sie auch bei den Phänomenen Licht, Wasser und Klang in Erscheinung tritt. Weitere Beispiele dieser sich wandelnden Rhythmik lassen sich erkennen im Atemfluß, im Pulsieren des Blutes, in der Zirkulation der Gestirne und manifestieren sich in Geburt, Wachsen, Altern und Tod oder im Erscheinungsbild der Jahreszeiten.

Diese Bewegung ist vitale Energie oder *Prana* – die durch das Universum pulsierende Lebenskraft. Prana fließt in feinstofflichen Kanälen, den *Nadis,* durch unseren Körper. Die beiden Nadis Ida und Pingala repräsentieren die Qualitäten des Mondes (reflektierende Innenschau) und der Sonne (strahlende Aktivität). Sie stehen in direktem Zusammenhang mit dem Atemfluß in dem linken und rechten Nasenloch und der Aktivität der rechten und linken Gehirnhälfte.

Durch das Gleichgewicht zwischen diesen beiden Nadis wird Sushumna, der zentrale feinstoffliche Kanal, geöffnet. Durch diesen steigt die Energie von der Basis der Wirbelsäule bis zum Scheitelpunkt des Kopfes und vereint Shakti und Shiva. Dies läßt die Bedeutung erkennen, die den durch die entgegengesetzt gerichteten Dreiecke beschriebenen Sonne- und Mondqualitäten zukommt.

Sushumna-Nadi besteht aus drei Schichten. Die äußere Schicht entspricht der Qualität von Tamas, die mittlere der Qualität von Rajas, und die innerste, in der die Kundalini-Shakti emporsteigt, entspricht Sattva.

Die Elemente im Schöpfungsprozeß

Tantra sieht im Verlangen die ursprüngliche Motivationskraft im Universum. Es stellt eine durch den Körper bedingte Notwendigkeit und eine natürliche Erscheinung dar. Unsere Sinnesorgane sind wie Fenster, durch die das Verlangen eintritt. Sie sind unsere Tore zur Welt. Tantra sieht das Verlangen als Samen der Natur in uns, die wir sprießen und reifen lassen und nicht unterdrücken oder verdrängen sollten.

Unsere Sinnesorgane nehmen Eindrücke auf und leiten sie über elektromagnetische Impulse weiter. Dies bildet die physikalische Basis des Verlangens und kontrolliert die Sekretion der Hormone. Je mehr wir versuchen, das Verlangen zu unterdrücken, um so stärker wird es. Dies beeinflußt die Hormonsekretion und kann das chemische Gleichgewicht des Körpers stören. Die Drüsen des endokrinen Systems stehen in direktem Zusammenhang mit den psychischen Zentren des Körpers, den Chakras.[14]

Mit dem Fluß der Energie in ihrem natürlichen Lauf durch den Körper werden die Chakras und die mit ihnen korrespondierenden Formen des Verlangens energetisiert. Dies treibt uns von Verlangen zu Verlangen. Aus der tantrischen Sicht der Einheit von Mikrokosmos und Makrokosmos geschieht dies synchron mit den Bewegungen am Himmel. Unsere Physis – und somit auch die Wahrnehmung der Realität – wird direkt beeinflußt durch die Erdanziehung und das Umfeld der Himmelskörper.

Das ständige Vorhandensein des sich wandelnden Verlangens verursacht Sehnsüchte und Bindungen an Objekte, in die wir das Verlangen projizieren. Aus tantrischer Sicht ist das Verlangen gekoppelt mit den Bewußtseinsstufen und den Energien der Elemente in den Chakras und Teil des individuellen Bewußtseins.

Das wahre Selbst, die zentrale Einheit, liegt jenseits von Verlangen. Die Chakras bilden das Spielfeld für die Energien der fünf Elemente und für das subtile Element *Mahat.* Durch die Transzendierung der Elemente wird das Verlangen verwandelt. Das Selbst liegt hinter den Ebenen der Elemente in der Vereinigung von Kundalini-Shakti mit Shiva.

Um diese allem zugrundeliegende Quelle zu erreichen, müssen die Reiche der Elemente in ihrer dreifachen Natur durchquert werden. Alle physiologischen und psychologischen Erscheinungen sind bedingt durch das Zusammenspiel der fünf Elemente *(Tattvas)* und der drei Ebenen der Natur *(Gunas).* In ihren sich verändernden Verbindungen bilden sie die sich wandelnde Welt.

In der Astrologie finden wir die Beschreibung der Tierkreiszeichen in ihrer Zuordnung nach den Elementen als Erd-, Wasser-, Luft- und Feuerzeichen und den Äther als den Raum, in dem die Gestirne leuchten, das Medium, welches das Licht transportiert. Die drei Ebenen oder Ausdrucksformen der jeweiligen Elementenqualität werden hier durch die kardinalen, fixen und veränderlichen Tierkreiszeichen vertreten.

Im Körper nähren die Energien der Elemente die Organe und bestimmte Funktionszusammenhänge. Die drei Gunas beschreiben, in welcher Weise sie sich ausdrücken:

Sattva	–	harmonisch
Rajas	–	bewegt, aktiv
Tamas	–	träge, als Widerstand

Diese Dreischichtigkeit der Natur erkennt Tantra in drei Schichten unseres Körpers wieder: dem Kausal-, dem Astral- und dem physischen Körper.

Der *physische Körper* ist grobstofflicher Natur. Er setzt sich aus 16 Komponenten zusammen: den fünf Handlungsorganen, den fünf Elementen, den fünf Sinnen und dem geistigen, die Sinnes- und Handlungsorgane koordinierenden sechsten Sinnesorgan.

Der *Astralkörper* ist feiner als der physische Körper. Er ist von pranischer Natur, fließt in den Nadis und existiert in den Chakras sowie in den Farben des psychischen Erlebens. Er ist nicht so eng an die Materie und ihre Gesetze gebunden wie der physische Körper und freier und aktiver als dieser. Er besteht aus den bereits genannten 16 Komponenten in einer feineren Form.

Der *Kausalkörper* ist noch feiner als die psychische Natur des Astralkörpers. Er ist geistiger Natur und umschließt die anderen beiden als Eiform. Er lagert die Eindrücke wie Samen und bildet eine Art karmische Hülle. Er steht in Beziehung zu den fünf *Tanmatras,* den Wurzeln der Elemente.

Hinter diesen drei Schichten befindet sich *Prakriti.* Sie beschreibt die ursprüngliche Natur in ihren drei Ebenen und die Substanz, aus der die drei körperlichen Hüllen hervorgehen. Prakriti ist die Basis aller Erfahrung.

Purusha, das Selbst, ist wache Achtsamkeit, das reine Bewußtsein. Purusha enthält die Kraft der Vision und ist somit die Quelle von Prakriti. Purusha ist das Bewußtsein, Shiva, und Prakriti ist die Energie, Shakti.

Im Evolutionsprozeß stellen Shiva und Shakti die ursprüngliche Einheit von Bewußtsein und Energie dar, die aller Schöpfung zugrunde liegt. Durch die Manifestationen in der Schöpfung erscheinen sie als voneinander getrennt und wirken so als polare Kräfte im ständigen Streben nach Vereinigung. Im Körper als mikrokosmischer Spiegel des Makrokosmos repräsentiert Kundalini-Shakti die kosmische Erfahrung von Werden und Vergehen. Als eingerollte Schlange, Symbol der potentiellen Energie, schläft sie im Muladhara-Chakra und ist voll erwacht in ihrer Vereinigung mit Shiva im Sahasrara-Chakra.

Shakti ist das gesamte schöpferische Potential und beinhaltet so auch die Kraft der Illusion, *Maya,* die Shiva und Shakti als getrennt voneinander erscheinen läßt. Durch diese Teilung wird das individuelle Bewußtsein gebildet, *Ahamkara,* das Ich-Bewußtsein oder Ego.

Shakti verkörpert die reine kreative Energie und bildet als *Mulaprakriti (Mula* – „Wurzel"; *Prakriti* – „Natur") die drei Ebenen der Natur. Die erste Manifestation im Schöpfungsprozeß auf diesen drei Ebenen ist:

Bindu – Kern, Punkt
Kalā – Strahl, die vom Punkt ausgehende Kraft
Nada – Klang, Schwingung

Diese drei ursprünglichen Manifestationen sind die Wurzeln der drei Gunas.
Durch die Interaktion von Shiva und Shakti im Manifestationsprozeß bilden sich die Elemente in ihrer grobstofflichen und feinstofflichen Form, aus denen sich Mikro- und Makrokosmos, Mensch und Universum zusammensetzen.

Die Reinigung der Elemente

Tantra beschreibt auf der Basis des zuvor geschilderten Evolutionsweges eine meditative Reinigungstechnik.
In dieser Übung wird der Evolutionsprozeß bis zum Zustand der Einheit zurückverfolgt. Die Elemente werden in den ihnen entsprechenden Körperregionen visualisiert und sinken ineinander ein, bis sie im Punkt der Einheit verschmolzen sind. Dies geschieht in derselben Reihenfolge, wie sie nach tantrischer Sicht im Sterbeprozeß miteinander eins werden.
Diese Übung dient zur inneren energetischen Reinigung der Elemente und der mit ihnen korrespondierenden Bereiche, wie zum Beispiel die körperlichen Entsprechungen in den Formen von Sinnes- und Handlungsorganen. Aber auch leidvolle Emotionen, wie Geiz, Leidenschaft, Haß, Neid und Unwissenheit, stehen mit diesen Qualitäten der Elemente in Verbindung. Sie re-

sultieren aus dem Verständnis der Dualitäten als voneinander getrennt existierenden Kräften. Die durch diese Fehleinstellungen hervorgerufenen Ungleichgewichte sind auch die Ursache vieler körperlicher Leiden und können durch die innere Reise zum gemeinsamen Ursprung gereinigt werden.

Visualisationsbild des Papa Purusha

Papa Purusha – die Verkörperung von Negativität

Papa bedeutet „Sünde" im Sinne von Fehleinstellungen und -handlungen, *Purusha* ist der „Mensch", das personifizierte Selbst. *Papa Purusha* ist demnach die Verkörperung unseres Fehlverhaltens und der damit verbundenen Disharmonie. Er ist die Personifizierung alles Üblen, mit dem wir – wissentlich und unwissentlich – in Verbindung stehen.

Papa Purusha wird daumengroß im Bereich der linken Seite des Bauches visualisiert. Er ist kohlschwarz und hat glühendrote Augen. Sein Körper besteht aus den negativen Entsprechungen der fünf Tattvas. In seiner rechten Hand hält er eine Axt erhoben, die den unvernünftigen Verstand symbolisiert. In der linken Hand hält er einen Schutzschild als Sinnbild des Ego. Er ist die Ursache für alle Schmerzen und Leiden, die durch das Ego und die damit verbundenen Eigenschaften entstehen.

Papa Purusha personifiziert alles Schlechte – insbesondere die negativen Eigenschaften der eigenen Natur, denen man nur ungern ins Auge schaut. Er sollte visualisiert werden, wenn man sich im Zustand des wachen Beobachters befindet und objektiv die Facetten der eigenen Persönlichkeit betrachtet. Aus tantrischer Sicht ist es wichtig, den Konflikt zu erfahren, um die Harmonie erreichen zu können. Durch die Vereinigung der Gegensätze, den Rhythmus der positiven und negativen Energien, wird ein Gleichgewicht, die neutrale dritte Kraft, erweckt. Die Gegensätze bilden die Spannung, welche die Quelle der Evolution im Leben ist. Durch die Verwandlung von Papa Purusha wird der Konflikt der dualen Kräfte gelöst.*4

Nach S. Rath reinigt und energetisiert die Praxis des Papa Purusha das Anahata- oder Herzchakra.*9

Nach Swami Satyananda Saraswati kann diese Übung eine tägliche Disziplin nach dem Yoga oder vor der Meditation sein. Besonders effektiv ist sie unmittelbar vor der Yantra- oder Mandala-Meditation. Da die eigenen höheren Energien angesprochen und erweckt werden, kann sich so auch die dem Yantra innewohnende Kraft enthüllen.

Die Symbole der Tattvas sind keine willkürlich gewählten Formen. Sie können als Produkte subjektiver Erfahrung betrachtet werden, sind aber auch objektiv bestätigt. Sie wurden von den Sehern und Yogis entdeckt, deren Innenschau erleuchtet ist, und stellen eine konkret existierende Verbindung zwischen dem Menschen und dem Ewigen dar.

Die im Folgenden beschriebene Technik kann einen Einblick vermitteln, jedoch nicht die praktische Anleitung durch einen Lehrer ersetzen.

Tattva Shuddhi – die innere Reinigung der Elemente

Beginne damit, deinen Geist zur Ruhe zu bringen und dich von den Sinneseindrücken zurückzuziehen. Halte deine Augen geschlossen und bringe den Körper in eine geeignete Position, so daß du dich während der Übung nicht bewegst und die gesamte Achtsamkeit auf das innere Geschehen richten kannst. Am be-

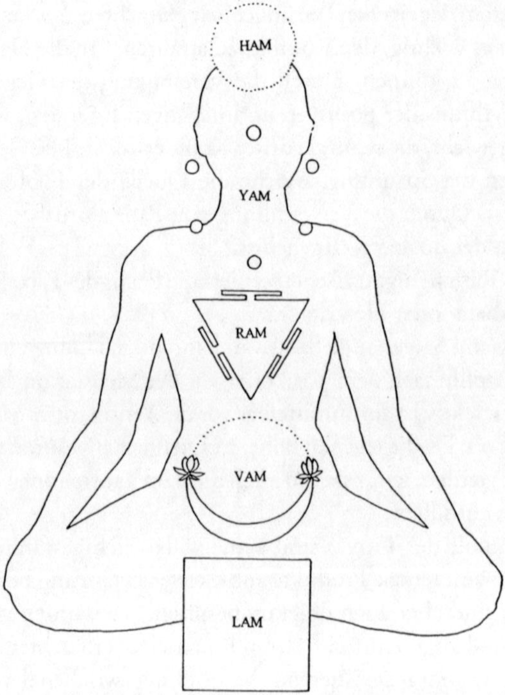

Symbole der Elemente im menschlichen Körper

sten ist eine Meditationshaltung, bei der sich Wirbelsäule und Kopf in einer geraden Linie befinden.
Visualisiere deinen Lehrer oder inneren Führer und bringe ihm deine Verehrung entgegen.
Stelle dir dann vor, wie die Kundalini vom Muladhara-Chakra durch den Sushumna-Kanal im Körper nach oben zum Sahasrara-Chakra aufsteigt. Beobachte den Atem mit dem Mantra „Soham". Fühle mit jedem Atemzug, wie du eins wirst mit dem höchsten Bewußtsein.

Dann beginne mit der Visualisation der Tattvas:

- Richte die Achtsamkeit auf die Körperregion zwischen den Füßen und den Knien und visualisiere dort ein gelbes Quadrat, das Yantra des *Prithivi-Tattva:* Erde. Wiederhole im Geiste das Mantra „Lam".
- Danach richte die Achtsamkeit auf die Region zwischen den Knien und dem Nabel und visualisiere dort eine weiße Mondsichel mit zwei Lotosblumen, die von einem Kreis aus Wasser umgeben sind. Dies ist das Yantra des *Apas-Tattva:* Wasser. Wiederhole im Geiste das Mantra „Vam".
- Nun richte die Achtsamkeit auf die Region zwischen Nabel und Herz. Visualisiere dort das Yantra des *Agni-Tattva:* Feuer. Es hat die Form eines mit der Spitze nach unten gerichteten roten Dreiecks mit drei Swastika-Zeichen. Das Keim-Mantra ist „Ram".
- Jetzt richte die Achtsamkeit auf die Region zwischen dem Herzen und den Augenbrauen und visualisiere dort das Yantra des *Vayu-Tattva:* Luft. Es ist von rauchiger Färbung und besteht aus sechs im Kreis angeordneten graublauen, manchmal auch als grünlich beschriebenen Punkten. Wiederhole im Geiste das Mantra „Yam".
- Richte deine Achtsamkeit auf die Körperregion oberhalb des Punktes auf der Stirn zwischen den Augenbrauen und visualisiere das Yantra des *Akasha-Tattva:* Äther. Es ist absolut rein und klar. Wiederhole im Geiste das Mantra „Ham".

Nun stelle dir vor, wie sich die Yantras der Reihe nach ineinander auflösen:

Das Prithivi-Yantra, Erde, geht ein in Wasser – Apas
Wasser geht ein in Feuer – Agni
Feuer geht ein in Luft – Vayu
und Luft geht ein in Äther – Akasha.

Jetzt stelle dir vor, wie Akasha eingeht in seine Ursache: in *Ahamkara,* das Ego. Ahamkara geht ein in *Mahat-Tattva,* das große Prinzip, das wiederum eingeht in *Prakriti,* die ursprüngliche Natur. Betrachte als letztes, wie Prakriti eingeht in *Purusha,* das höhere Selbst. Nun sieh dich selbst als das höchste Wissen und vollkommen rein.

Richte deine Aufmerksamkeit jetzt auf die linke Seite des Unterleibs und visualisiere dort Papa Purusha in Daumengröße. Dieser kleine schwarze Mann verkörpert all das, was nicht in das Bild der Reinheit paßt. Er symbolisiert alles Negative, womit wir in Verbindung stehen.[15]

- Atme ein und wiederhole das Mantra „Yam" (Luft). Sieh, wie der kleine Mann sich transformiert, er wird rein und weiß.
- Halte den Atem mit dem Mantra „Ram" (Feuer). Sieh, wie der kleine Mann verbrennt.
- Atme die Asche aus und sieh mit dem Mantra „Vam" (Wasser), wie sich diese Asche mit dem Nektar des Mondes mischt und im Wasser-Yantra zu einem Ball zusammenrollt.
- Sieh diesen Ball in der linken Seite des Unterleibs und beobachte mit dem Mantra „Lam" (Erde), wie er sich in ein goldenes Ei verwandelt.
- Wiederhole das Mantra „Ham" (Äther), während du siehst, wie das goldene Ei wächst, bis es deinen ganzen Körper erfüllt und du selbst zum goldenen Ei wirst.

Danach gehst du in umgekehrter Reihenfolge den gleichen Weg der Evolution wieder zurück:

- Aus dem goldenen Ei wird Purusha, das höhere Selbst
- Daraus geht Prakriti (die Natur) hervor
- Dann entsteht Mahat-Tattva (das große Prinzip)
- Daraus erscheint das Ego, Ahamkara

- Aus dem Ego tritt Akasha (Äther) hervor
- Aus Äther entsteht Luft; aus Luft Feuer; aus Feuer Wasser und aus Wasser Erde.

Plaziere die Yantras mit den jeweiligen Mantras in den entsprechenden Körperregionen.
Als nächstes wiederhole das Mantra „Soham" mit dem Atem und der Achtsamkeit im Sushumna-Nadi.
Trenne die individuelle Seele von der kosmischen und bringe sie an ihren Platz im Herzen, wo sie wohnt.

Dann stelle dir vor, wie die Kundalini wieder vom Sahasrara-Chakra ins Muladhara-Chakra sinkt, und richte deine Aufmerksamkeit auf den Raum hinter den geschlossenen Augen.

Yoga – der Weg der Vereinigung

Shiva und Shakti in ihrer Vereinigung als Ardhanareshwar

Methoden und Ziele des Yoga

Wie bereits zu Beginn erwähnt, ist Yoga die Praxis von Tantra. Yoga bedeutet „Vereinigung“. Keiner weiß genau, wie alt diese Übungen sind. Die Ursprünge reichen weit in die Vergangenheit zurück, sie sollen auf die Götter zurückgehen.
Shiva selbst gilt als der erste Yogi und Lehrer. Patanjali (um 200 v. Chr.) war der erste, der die Yoga-Lehre systematisch gegliedert und aufgeschrieben hat. Er beschreibt den achtfachen Pfad, der für alle Yogas gültig ist.

Die acht Stufen des Weges sind:

1. *Yama:*	die innere Einstellung (friedlich, wahr, nicht stehlen, selbstkontrolliert, selbstlos)
2. *Niyama:*	die Anstrengung (sauber, zufrieden, große Anstrengung, Selbststudium, Vertrauen in Gott)
3. *Asana:*	die Körperhaltung
4. *Pranayama:*	die Atemkontrolle
5. *Pratyahara:*	die Sinneskontrolle
6. *Dharana:*	die Konzentration
7. *Dhyana:*	die Meditation
8. *Samadhi:*	die Vereinigung

Die ersten vier Stufen beziehen sich auf die äußere Erscheinungswelt. Die folgenden vier Stufen beschreiben den inneren Weg. Der achtfache Pfad umfaßt den Weg zur Verwirklichung des Einen in der dualen Erscheinungswelt, die Vereinigung des individuellen mit dem universellen Bewußtsein oder – ganz einfach – die Vereinigung von Körper und Geist. Es geht um die Über-

windung von Konflikt und die Kultivierung von Harmonie. Um dies zu erreichen, ist wache Achtsamkeit in der Praxis wichtig.
Eines der Hauptanliegen von Yoga ist Entspannung, denn wo Verspannung herrscht, ist kein freier Energiefluß möglich, und es entstehen Blockaden und Stauungen. Verspannung und Streß sind unter anderem die Hauptursachen für die modernen Zivilisationskrankheiten wie Migräne, Herzinfarkt oder Krebs. Yoga sieht dies als Folge der Orientierung an äußeren Zielsetzungen und Idealen, eine vom Mittelpunkt wegstrebende, zentrifugal nach außen gerichtete Zerstreuung der Interessen.

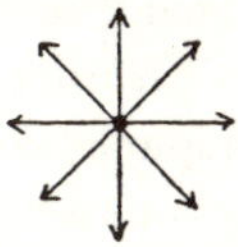

Das Prinzip der Zentrifugalkraft

Eine wirkliche Harmonie und Vereinigung der auseinanderstrebenden Richtungen kann nur im Inneren stattfinden. Die eigene innere Ausgeglichenheit ist die Voraussetzung auch für jede zwischenmenschliche, soziale und gesellschaftliche Harmonie. Aus diesem Grund ist Meditation so wertvoll und eine Zentrierung und Wendung nach innen wichtig.
Für die Auflösung persönlicher Problemstellungen ist es nötig zu erkennen, daß die Grenze zwischen Problemen und Sorglosigkeit schwer zu ziehen ist. Es ist eine Angelegenheit der persönlichen Erfahrung, so wie alle anderen Dualitäten des Lebens: Schmerz und Freude, Haß und Liebe, Krankheit und Gesundheit usw. Dabei handelt es sich um die zwei Seiten einer Münze – zwei Wege, wie die Phänomene des Lebens zu betrachten sind. Diese Sichtweise ist am Beispiel der Alterserscheinungen zu verdeutlichen: Sind sie „normal“ oder als Krankheit zu sehen?
Diese Dualität ist Teil des Lebens! Das Leben ist eine Interaktion aus beiden Kräften, die gegensätzlich scheinen, aber zusam-

mengehören. Das eine wird als gut oder gesund betrachtet und erstrebt. Das andere wird als schlecht oder krank betrachtet und abgelehnt. Tantra sieht diese dualen Kräfte als Shiva und Shakti oder Purusha und Prakriti. Sie werden aber nicht als gut oder schlecht bewertet, sondern beide Kräfte finden Verehrung.
Einige Yogis verehren das unvergängliche Bewußtsein, Shiva, andere die sich ewig wandelnde Manifestation der Materie, Shakti. Beide Kräfte sind für die menschliche Entwicklung wichtig und notwendig, beide Wege helfen dabei, die dualistische Sichtweise zu überwinden. Nach den Lehren von Tantra und Yoga sollte es nicht um Leben *oder* Tod, Freude *oder* Schmerz usw. gehen, sondern um die Erfahrung des Ursprungs.
Durch den zentralen Standpunkt des Beobachters und durch die Klarheit von wacher Achtsamkeit ist es möglich, tief im Inneren liegenden Illusionen und Wünschen wie auch schmerzlichen Erfahrungen neutral ins Auge zu sehen. Ins Unbewußte verdrängte Erlebnisse oder auch familiäre und gesellschaftliche Prägungen und Zwänge wurzeln tief in uns und beeinflussen ständig unsere Reaktionen. Sie steuern unser Leben, solange sie nicht bewußt wahrgenommen werden.
Durch die Konzentration auf einen Punkt können wir erkennen, daß immer wieder ablenkende Gedankenketten über bevorstehende Projekte, die uns fesseln, Erinnerungen, in die wir abtauchen, Emotionen oder auch körperliche Phänomene auftauchen. Diese Ablenkungen werden durch die geistige Fokussierung hervorgerufen und resultieren aus den im Unbewußten angesammelten Erfahrungen und Prägungen. In Yoga werden sie als *Samskaras* oder *Karmas* bezeichnet. Sie sind die Wurzeln von Verspannung, Konflikt und Disharmonie. Wenn sie aus dem Unter- oder Unbewußten auftauchen, bieten sie die Chance, bewußt wahrgenommen zu werden.
Ihre Inhalte sind von bezaubernd schöner bis hin zu abgrundtief schrecklicher Natur. Haben sie eine angenehme Erscheinungs-

form, sollten sie möglichst neutral betrachtet werden, damit man sich nicht durch ihren anziehenden Charakter und die durch sie ausgelösten Reize darin verliert. Als unangenehm empfundene, unerwünschte oder nicht der Norm entsprechende Erfahrungen sollten in gleicher Weise zugelassen werden. Durch die neutrale und nicht anhaftende Betrachtung ist es möglich, diese Prägungen zu überwinden, sie in ihrer Bedingtheit zu erkennen und damit ein Gleichgewicht herzustellen.
Der Energieaufwand, der beispielsweise benötigt wird, um unangenehme Formen zu unterdrücken, kann besser kreativ dazu eingesetzt werden, um sie aufzulösen. Dies kann ein Schlüssel dafür sein, um Angst und Schrecken als Hilfen auf dem Weg zur eigenen Mitte zu nutzen und die im Konflikt gefangene Energie zu transformieren.
Eine natürliche Verarbeitung angestauter und verdrängter Erlebnisse geschieht auch im Traum. Jede Nacht ziehen wir uns zur Entspannung und Erholung in das Reich dieser inneren Bilderwelt zurück. Wenn wir die Inhalte unserer Traumwelt bewußt erleben, können wir effektiv und gezielt damit umgehen. In dem Moment, wenn wir aufwachen oder gerade einschlafen, befinden wir uns wie von selbst in einem bewußten Traumzustand. Dieser Zwischenzustand bietet die Möglichkeit, aus dem Unbewußten auftauchende Inhalte bewußt zu erleben und sozusagen Samen ins Unbewußte einzupflanzen. Wir können diesen Bewußtseinszustand gezielt erreichen und anwenden, wenn wir uns völlig entspannen, mit Hilfe des Atems alles loslassen und uns für das innere Erleben öffnen. Diese Technik wird als kreatives Bilderleben oder Imagination und im Yoga als *Yoga-Nidra,* der „Yoga-Schlaf“, bezeichnet.
Der Raum, in dem die inneren Bilder betrachtet werden und unsere Träume erscheinen, ist unsere innere Leinwand oder Projektionsfläche in dem Raum hinter unseren geschlossenen Augen. Yoga sieht diese Bilder als Projektionen, die zwischen der

Persönlichkeit und dem wahren Selbst stehen. Durch Yoga-Praxis soll dieser innere Bildschirm gereinigt werden und uns von den durch die Prägungen verursachten Verzerrungen befreien. Dies geschieht durch die neutrale Betrachtung und das bewußte Erleben dieser inneren Vorgänge.
Für die Expedition in die verschiedenen Ebenen unserer inneren Welt gibt es viele Wege. Anregungen dazu finden sich in den folgenden Übungsvorschlägen.

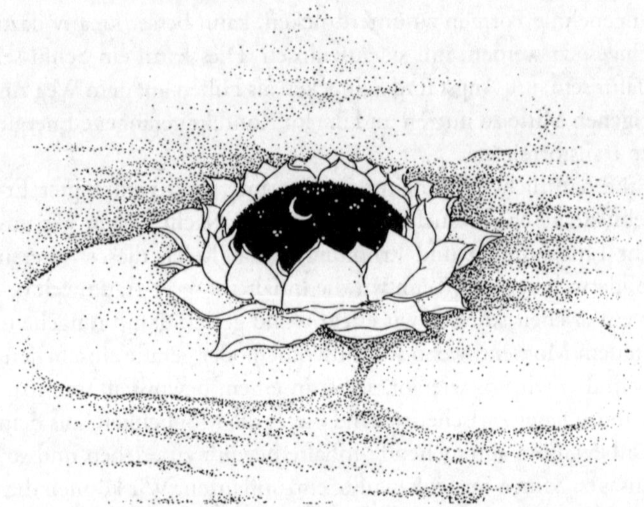

Visualisation

Die Betrachtung des Körpers, seiner verschiedenen Systeme und ihrer Zusammenhänge, wie zum Beispiel die bewußte Erfahrung der Hautoberfläche, die Betrachtung der Atmung, der Blutzirkulation oder der inneren Organe, stellt eine Methode dar, wie wir Bewußtseinsenergie in diese Bereiche lenken können. Die unbewußten inneren Vorgänge können auf diese Weise bewußter gemacht werden. Sie bietet aber auch die Möglichkeit, bewußt in diesen unbewußten Bereichen zu wirken. Durch die Achtsamkeit auf einen bestimmten Körperteil lenken wir Bewußtseinsenergie, Prana, dorthin und unterstützen damit die Selbstheilungskräfte. Unbewußt findet dieser Vorgang auf natürliche Weise statt, wenn wir Schmerz empfinden und dabei instinktiv die Aufmerksamkeit einem bestimmten Bereich zuwenden und Bewußtseinsenergie in die betreffende Stelle leiten.

Durch die gezielte Anwendung dieser Kraft in der aktiven Imagination können die verschiedenen Bereiche des Körpers unterstützt werden, zum Beispiel durch die Vorstellung, wie mit dem Atem frische Lebensenergie den Körper durchflutet, oder durch die Imagination von goldenem Licht. Diese Vorgehensweise bietet die Möglichkeit, unserer kreativen Energie freien Lauf zu lassen. In den Weiten des Bewußtseinsraumes, im Reich unserer inneren Bilderwelt, können wir uns uneingeschränkt entfalten. Wie auf der Traumebene können bestimmte inhaltliche Motive bewußt betrachtet und durchlebt werden. Innere Bedürfnisse aller Art, die sonst vielleicht tabu sind oder sich nicht realisieren lassen, können hier ausgedrückt und erfahren werden.

Durch die Wahl des Motivs kann auch gezielt an Problemstellungen gearbeitet werden. Gerade für Ängste und Phobien bietet die Konfrontation auf der Visualisationsebene eine Chance, sich diesen Inhalten gefahrlos zu nähern, sie kennenzulernen und durch den Standpunkt des neutralen Beobachters zu betrachten. Doch auch in anderen Bereichen werden durch die Visualisation eines Themas entsprechende unbewußte Inhalte geweckt. Allgemein geeignet sind Visualisationsmotive von ganzheitlicher und harmonischer Natur, da sie die entsprechende Qualität in uns ansprechen. Motive dieser Art sind zum Beispiel: der Sternenhimmel, ein Sonnenaufgang, eine Blume u. ä.

Die für die Meditation geschaffenen Symbole, wie der Punkt, das Yantra oder Mandala, sind durch ihre elementare Formgebung sehr machtvolle Schlüssel, da sie die Wurzeln der Formen darstellen und so einen weiten Bezugsrahmen bilden. Durch ihre zentrierte Anordnung bewirken sie eine innere Sammlung und Harmonisierung. Wie von einem Magnet angezogen, werden dieser Energie widerstrebende Kräfte hervorgerufen und können bewußt wahrgenommen werden.[16]

Der Körper selbst wird zum Symbol durch die Haltung und Position, die wir einnehmen. Er wird zum Gefäß der durch die jeweilige Haltung wirkenden Energie. Bei der Meditationshaltung im Sitzen stellt die Wirbelsäule eine direkte Verbindung zwischen den Polaritäten von Himmel und Erde dar. Der Körper wird zum Berg, Shiva, aus dem die Quelle, Shakti, entspringt.

Shiva, der Yogalehrer

Meditationshaltungen*5

Padmasana – der Lotossitz

Setze dich mit vor dir ausgestreckten Beinen hin. Winkle dann vorsichtig ein Bein an und lege den Fuß auf den Oberschenkel des anderen Beines, so daß die Fußsohle nach oben zeigt und die Ferse den Körper berührt. Wenn du eine bequeme Position erreicht hast, winkle das andere Bein an und lege den Fuß auf den gegenüberliegenden Oberschenkel. Beide Knie sollten den Boden berühren. Kopf und Wirbelsäule befinden sich in einer geraden Linie, und die Schultern sind entspannt. Die Hände liegen in der *Gyana-* oder *Chin-Mudra* auf den Knien. Die Arme sind entspannt und die Ellbogen leicht angewinkelt. Bewege dich vor und zurück, bis du die richtige Balance findest. Schließe die Augen und entspanne den Körper.

Diese Sitzhaltung bietet die Möglichkeit, den Körper lange ruhig zu halten. Die Beine bilden ein gutes Fundament, so daß Wirbelsäule und Kopf wie eine Säule stehen können. Padmasana leitet Prana vom Muladhara-Chakra zum Sahasrara-Chakra. Diese Sitzhaltung hilft den Körper und damit auch den Geist zur Ruhe zu bringen und physische, nervöse und emotionale Zustände zu klären.

Die Position von Padmasana sollte nicht eingenommen werden bei Problemen mit den Knien, im Bereich des Kreuzbeins und bei Ischias.

Ardha-Padmasana – der halbe Lotossitz

Setze dich mit vor dir ausgestreckten Beinen hin. Winkle ein Bein an und lege die Fußsohle an die Innenseite des Oberschenkels des anderen Beines. Winkle das andere Bein an und lege den Fuß mit der Fußsohle nach oben gerichtet auf den gegenüberliegenden Oberschenkel. Achte darauf, daß beide Knie den Boden berühren. Plaziere die Hände auf den Knien und bringe Wirbelsäule und Kopf in eine gerade Linie. Als Unterstützung kann ein dünnes Kissen unter dem Gesäß dienen.

Die Gegenanzeigen für diese Position sind die gleichen wie bei Padmasana. Auch die Wirkung dieser Sitzhaltung ist gleich, wenn auch in einer etwas abgeschwächten Form.

Swastikasana

Setze dich mit vor dir ausgestreckten Beinen hin. Winkle das linke Bein an und lege den Fuß an die Innenseite des rechten Oberschenkels. Winkle das rechte Bein an und plaziere den Fuß so, daß die beiden Fersen übereinanderliegen. Rücke die Zehen beider Füße so zurecht, daß sie sich zwischen Oberschenkel und Wade des jeweils gegenüberliegenden Beines befinden.
Das Swastika zeigt die vier Himmelsrichtungen und die durch sie dargestellte Verbindung von Erde und Universum.[17] Es symbolisiert ihren gemeinsamen Mittelpunkt als Zentrum des Bewußtseins. Diese Sitzhaltung gilt demnach als günstig, um die Einheit der Existenz zu realisieren.
Diese Position sollte nicht eingenommen werden bei Ischias und Problemen im Bereich des Kreuzbeins.

Von allen Meditationshaltungen ist der sogenannte „Schneidersitz“ am einfachsten durchzuführen. Allerdings liegt das Hauptgewicht dabei auf dem Gesäß, so daß das Fundament oder die Basis, welche diese Haltung bietet, nicht so stabil ist.

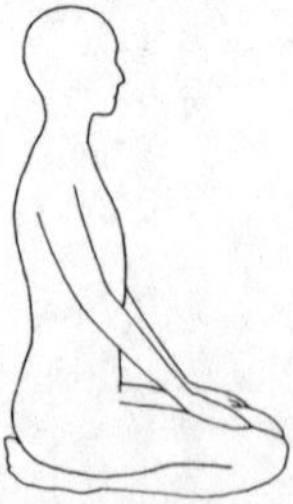

Vajrasana – der Fersensitz

Knie dich auf den Boden. Führe die großen Zehen zusammen, richte die Fersen nach außen, und senke dein Gesäß auf die Innenseite der Füße, so daß die Fersen die Hüfte auf beiden Seiten berühren. Die Hände liegen mit den Handflächen nach unten auf den Knien. Wirbelsäule und Kopf befinden sich in einer geraden Linie. Die Arme und die Schultern sind entspannt. Schließe die Augen und entspanne den ganzen Körper.
Diese Sitzhaltung eignet sich vor allem für Menschen mit Rückenproblemen, welche die oben beschriebenen Asanas nicht durchführen können. Bei Schmerzen in den Knöcheln kann zur Erleichterung ein dünnes Kissen zwischen den Füßen und dem Gesäß dienen.

Nadanusandhana-Asana

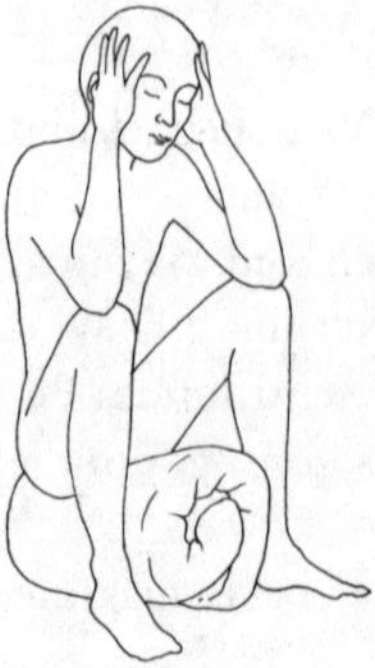

Dies ist die Meditationshaltung für Nada Yoga, das Hören des inneren Klangs (siehe Seite 89). Sitze auf einer eingerollten Decke oder einem Kissen, wie in der Abbildung dargestellt. Achte darauf, daß das Kissen hoch genug ist, damit der Rücken so gerade wie möglich sein kann. Die Ellbogen sind auf die Knie gestützt, die Finger liegen oben am Kopf, so daß mit dem Daumen das Ohr geschlossen werden kann. Zur Abwechslung kann auch der Zeigefinger zu diesem Zweck genutzt werden.

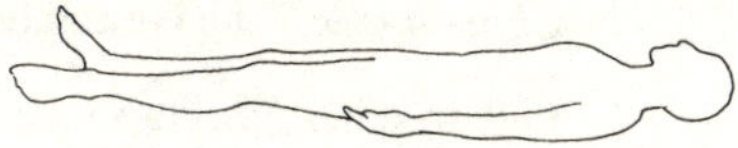

Shavasana – **die Totenstellung**

Lege dich flach auf den Rücken, die Arme in leichtem Abstand zum Körper. Die Handflächen zeigen nach oben, und die Finger sind leicht gekrümmt. Wirbelsäule und Kopf sollten sich in einer geraden Linie befinden. Die Füße liegen in einem geringen Abstand zueinander und fallen entspannt zur Seite.
Schließe die Augen und entspanne den ganzen Körper. Bewege dich nicht. Richte die Achtsamkeit auf deinen Atem und die Erfahrung von Entspannung.

Mudras

Die Hände sind das Symbol unseres Körpers für das Handeln, die Handlung. Die Haltung unserer Hände hat eine unterstützende Wirkung für die Position, die der Körper einnimmt. Auch viele der feinstofflichen Energiekanäle *(Nadis)* enden in den Fingern und können durch entsprechende Fingerstellungen beeinflußt werden.
Die drei wohl gebräuchlichsten und bekanntesten Meditationsgesten sind die folgenden:

Gyana-Mudra – **die Geste des Wissens**

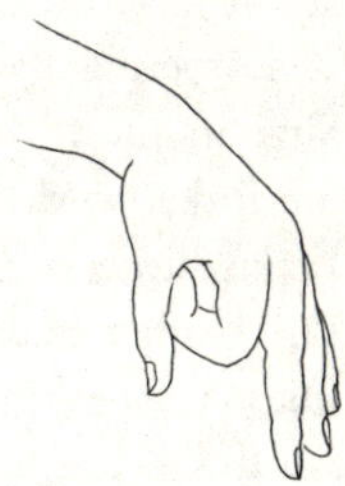

Sitze in einer Meditationshaltung. Krümme den Zeigefinger so, daß er die Wurzel des Daumens an der Innenseite berührt. Die anderen Finger sind ausgestreckt und entspannt. Die Hände liegen auf den Knien und sind mit den Handflächen *nach unten* gerichtet.

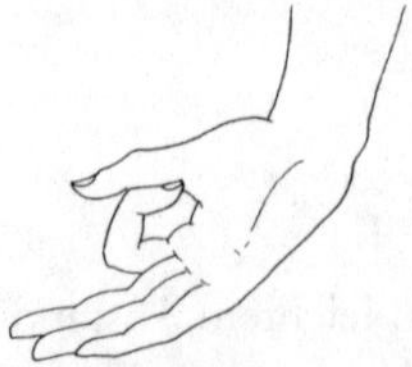

Chin-Mudra – die Geste des Bewußtseins

Sitze in einer Meditationshaltung. Krümme den Zeigefinger so, daß er die Wurzel des Daumens an der Innenseite berührt. Die anderen Finger sind ausgestreckt und entspannt. Die Hände liegen auf den Knien und sind mit den Handflächen *nach oben* gerichtet.
Zeigefinger und Daumen können sich auch an den Fingerspitzen berühren, wobei sich dieser Kontakt allerdings leichter lösen kann. Die Berührung der Finger ist wichtig, weil auf diese Weise ein Energiekreislauf geschlossen und Energie zum Gehirn zurückgeleitet wird.
Der Zeigefinger repräsentiert das individuelle Bewußtsein und der Daumen das göttliche Bewußtsein. Durch ihre Berührung symbolisiert diese Geste die Vereinigung. Die drei anderen Finger repräsentieren die drei Gunas – jene drei Ebenen also, die das Bewußtsein auf seinem Weg zur Einheit transzendiert.

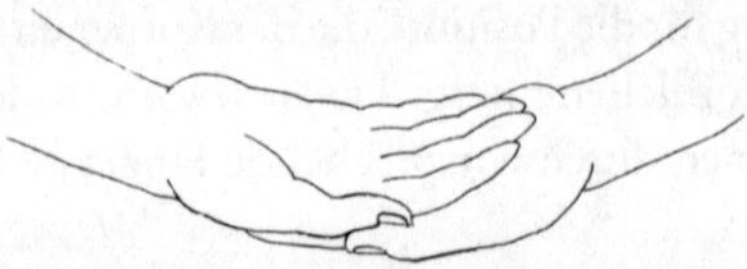

Bhairava-Mudra – die Geste der Vereinigung

Bhairavi haben wir bereits als eine der zehn Formen der Göttin kennengelernt. Bhairava ist ihre männliche Entsprechung – die Verkörperung von Shiva in seiner feurigen, furchterregenden Form.
Sitze in einer Meditationshaltung. Lege deine rechte Hand auf die linke, so daß beide Handflächen nach oben zeigen. Beide Hände liegen im Schoß. Schließe die Augen und entspanne dich.
Die beiden Hände repräsentieren die Nadis Ida und Pingala. Diese Geste symbolisiert die Vereinigung. Wird die linke Hand auf die rechte gelegt, so ist dies *Bhairavi-Mudra.*

Der Atem

Der Atem ist die den Innen- und Außenraum verbindende Kraft. Über den Atem sind Individuum und Kosmos in ständigem Austausch.

Er steht für die der Form zugrundeliegende, konstante, zyklische Realität, das Kommen und Gehen, das Werden und Vergehen, Leben und Tod in jedem Moment. Das Prinzip der Dualität und das Gesetz des ewigen Wandlungsspiels der Polaritäten, das die Basis aller Erscheinungsformen ist, wird durch die Betrachtung des Atems deutlich.

Auch die Emotion ist eng mit dem Atemfluß verbunden. In erregtem Zustand atmen wir wesentlich schneller als in Zeiten, wo wir innerlich ausgeglichen, ruhig und entspannt sind. Dies wird auch deutlich, wenn man den Atemrhythmus von verschiedenen Tieren miteinander vergleicht. Ein Hase zum Beispiel, der sehr leicht in Aufruhr zu versetzen und erregbar ist, atmet ungefähr 55mal in der Minute. Im Gegensatz dazu atmet eine Schildkröte, die sich schwer aus der Ruhe bringen läßt, nur 3mal in der Minute.

Aus yogischer Sicht bewirkt eine Verlangsamung der Atmung eine Verringerung der Bindung an bestimmte emotionale oder geistige Strukturen. Alle Methoden von *Pranayama,* der „Kontrolle des Atems", basieren auf dieser Vorstellung.

Betrachten wir nun allein den natürlichen Atemfluß, so können wir sehr viel darin entdecken[18]. Wir können feststellen, wie tief wir atmen, wir können das Verhältnis der Phase des Ausatmens im Vergleich zur Einatmung betrachten oder prüfen, in welchem Nasenloch der Atemfluß gerade aktiver ist. Wir können auch einfach nur das Kommen und Gehen des Atems erleben und dies als Fokus zur Konzentration nutzen. Nach einiger Zeit der Achtsamkeit auf den natürlichen Atemfluß werden wir feststellen, daß sich die Anzahl der Atemzüge merklich verringert hat und unsere Atmung tiefer und langsamer geworden ist. Auf die-

se Weise ist es möglich, allein durch die Beobachtung des Atems auch unsere Beziehung zu den Emotionen zu beeinflussen.
Die vitale Energie von Prana fließt mit dem Atem ein und aus. Der Atemfluß in den beiden Nasenlöchern steht somit in Beziehung zum Energiefluß in den feinstofflichen Kanälen, den Nadis Ida und Pingala. Sie repräsentieren die Mond- und die Sonnenkraft in uns. Die Mondkraft Ida, vertreten durch das linke Nasenloch, steht in Verbindung mit der rechten Gehirnhälfte, dem nicht verbalen, intuitiven Verständnis in Form von spontanem Wiedererkennen von Gesichtern und Symbolen und entspricht dem Vorgang der Synthese Die Sonnenkraft Pingala, vertreten durch das rechte Nasenloch, steht in Verbindung mit der linken Gehirnhälfte, der verbalen Ebene in Form von Sprache und logischem Denken und entspricht dem Vorgang der Analyse.
Sushumna, der zentrale feinstoffliche Kanal, der von der Basis der Wirbelsäule bis zum Scheitelpunkt des Kopfes führt, steht für das vollkommene Gleichgewicht dieser beiden Energieströme.
Die Hauptchakras liegen auf diesem Nadi und sind in der Meditation erfahrbar.

Der Klang

„Om" beschreibt den allem zugrundeliegenden Urklang. In der traditionellen Schrift *Devanagari* findet dieser Laut seine Entsprechung in folgendem Zeichen:

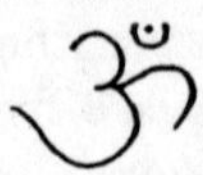

Es wird aus drei Schriftzeichen aufgebaut:

A - U - M

Unter anderem stehen diese drei Laute in Beziehung zu den drei Bewußtseinsformen von Wachzustand, Traum und Tiefschlaf. Bei der Aussprache der einzelnen Laute läßt sich feststellen, daß das A im Hals, das U im Mundraum und das M mit den Lippen gebildet wird.

Das Sanskrit-Alphabet, die Buchstaben des Devanagari, bestehen aus Vokalen und Konsonanten. Die Konsonanten liegen in der Reihenfolge ihrer Entstehung auf dem gleichen Weg, wie wir ihn auch bei der Aussprache von A-U-M gehen. Wir beginnen im Hals und wandern über den Mundinnenraum langsam zu den Lippen:

hinterer Mundraum (der Hinterteil der Zunge berührt den hinteren Gaumen)	→	क ka	ख kha	ग ga	घ gha	ङ ṅa
mittlerer Mundraum (die Zunge liegt mit den Seiten an den oberen Backenzähnen)	→	च ca	छ cha	ज ja	झ jha	ञ ña
vorderer Mundraum (die Zungenspitze berührt den vorderen Gaumen)	→	ट ṭa	ठ ṭha	ड ḍa	ढ ḍha	ण ṇa
hinter den Zähnen (die Zungenspitze berührt die Zähne)	→	त ta	थ tha	द da	ध dha	न na
die Lippen formen den Laut	→	प pa	फ pha	ब ba	भ bha	म ma
(die Konsonanten der vier Elemente)		य ya	र ra	ल la	व va	
(drei S-Laute wie sch, ch, s)		श śa	ष ṣa	स sa		
(der Konsonant des Elementes Äther)		ह ha				

Die Vokale werden mit den folgenden Zeichen beschrieben:

अ	आ	इ	ई	उ	ऊ	ऋ	ॠ	ऌ	ए	ऐ	ओ	औ	ं	ः
a	ā	i	ī	u	ū	ṛ	ṝ	ḷ	e	ai	o	au	ṃ	ḥ

Die Chakras

Lokalisation (1) – korrespondierende Drüsen (2) – Verlangen (3)

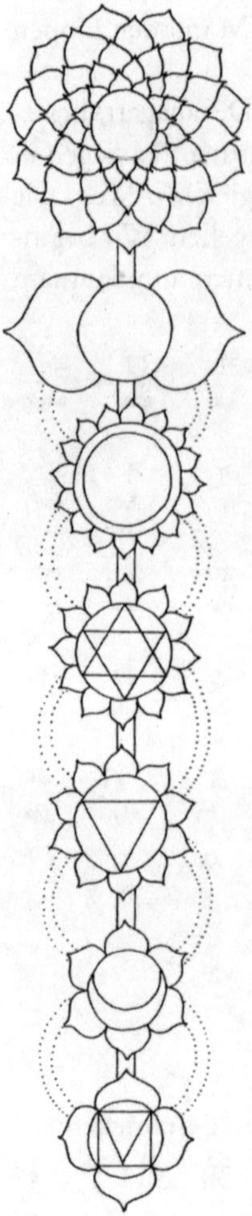

Sahasrara-Chakra
Hypophyse (1)
Hirnanhangdrüse (2)
ohne Verlangen (3)

Ajna-Chakra
Plexus cavernosi chonsharum (1)
Zirbeldrüse (2)
Selbstverwirklichung (3)

Vishuddhi-Chakra
Plexus pharyngeus (1)
Schilddrüse (2)
Wissen (3)

Anahata-Chakra
Plexus cardiacus (1)
Thymusdrüse (2)
Liebe, Teilen, Hingabe, Mitgefühl (3)

Manipura-Chakra
Plexus solaris (1)
Adrenalindrüse (2)
Macht, Ruhm, Wohlstand (3)

Svadhisthana-Chakra
Plexus pelvinus (1)
Hoden, Eierstöcke (2)
Familie, sexuelles Verlangen, Fantasien (3)

Muladhara-Chakra
Plexus sacralis (1)
Perineum (2)
Bedürfnisse, Nahrung, Unterkunft, Sicherheit (3)

Zuordnungen zu den Chakras

Tattva (Element)	**Tanmatra** (Kosmische Energie)	**Gyanendriya** (Wahrnehmungstor)	**Karmendriya** (Handlungsorgan)	**Dhatu** (Gewebeform)
				Samen
Mahat		Bewußtsein		Mark
Äther	Klang	Ohren	Stimmbänder Mund	Haut
Luft	Berührung	Haut	Hände	Blut
Feuer	Sicht	Augen	Füße	Fleisch
Wasser	Geschmack	Zunge	Genitalien Harnsystem	Fett
Erde	Geruch	Nase	Anus	Knochen

Die Konsonanten enden mit einem a-Laut. Die Vokale verändern diese Endung, indem sie in einer Kurzform an den Konsonanten gefügt werden.
Ein Beispiel dazu mit dem Konsonanten क – ka:

का	कि	की	कु	कू	कृ	के	कै	को	कौ	कं	कः
Kā	**ki**	**kī**	**ku**	**kū**	**kṛ**	**ke**	**kai**	**ko**	**kau**	**kaṃ**	**kaḥ**

(h kennzeichnet einen aspiriert ausgesprochenen Laut
- kennzeichnet einen lang ausgesprochenen Laut
ṛ, ḷ sind Vokale)

Diese grobe Übersicht über das Sanskrit-Alphabet kann vielleicht einen Einblick vermitteln in die systematische Ordnung, die dieser Lautfolge zugrunde liegt, und veranschaulicht, in welcher Weise „Om" als Basis dient.
Die mit den verschiedenen Ebenen des Klangs korrespondierenden Mahavidyas sind:
– Bhairavi, als der dem Wort zugrundeliegende Wille
– Tara, welche die Grundschwingung „Om" repräsentiert und
– Matangi, das artikulierte Wort.
Matangi wird mitunter durch die Rezitation des Alphabets verehrt. Wie bereits beschrieben wurde, symbolisiert ihr Saiteninstrument die Klangschwingung entlang der Wirbelsäule. Dieser Zusammenhang wird aus der Betrachtung der klassischen Klangbeschreibung zu den Chakras ersichtlich. Die Buchstaben des Alphabets befinden sich hier auf den Blütenblättern der einzelnen Chakras (vom obersten Blütenblatt ausgehend im Uhrzeigersinn). Die mit dem jeweiligen Chakra korrespondierende Keimsilbe befindet sich im Zentrum. Die Vokale befinden sich auf der Blüte des Kehlchakra. Die Konsonanten beginnen beim obersten Blütenblatt des Herzchakra. Alle werden von dem Nasallaut „m" begleitet.

Das Sahasvara-Chakra

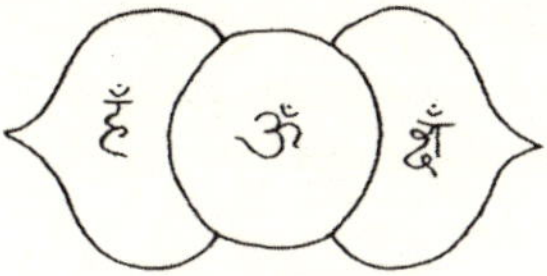

ham „Om“ khsḥam

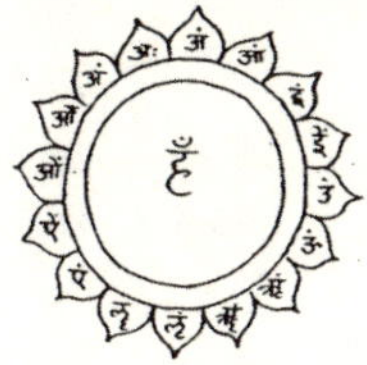

am, ām, im, īm, um, ūm,
ṛm, ṝm, lrm, ḷrm, em,
aim, am, aum, am, aḥ.
„Ham“

kam, kham, gam, gham,
ṅam, cam, cham, jam,
jham, ñam, ṭam, tham.
„Yam“

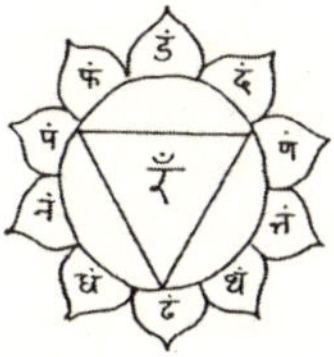

ḍam, ḍham, ṇam, tam, tham,
dam, dham, nam, pam, pham.
„Ram“

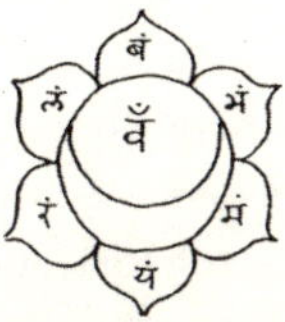

bam, bham, mam, yam,
ram, lam.
„Vam“

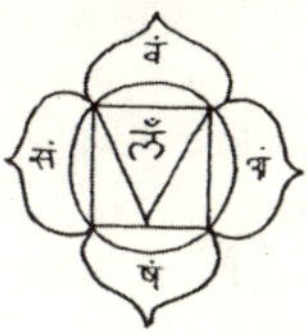

vam, śam, ṣam, sam.
„Lam“

AUM kann auch als die Trinität von Brahma, Vishnu und Shiva betrachtet werden. Es gilt als die Basis aller Erscheinungsformen, einschließlich der fünf Elemente in ihren Variationen. Auch die fünf Grundelemente oder die fünffache Natur des Universums finden ihre Entsprechung im Alphabet:

Die fünf Elemente:	क Erde	ख Wasser	ग Feuer	घ Luft	ङ Äther
Tanmatra	च Geruch	छ Geschmack	ज Sicht	झ Berührung	ञ Klang
Karmendriya	ट Anus	ठ Genitalien	ड Füße	ढ Hände	ण Mund
Gyanendriya	त Nase	थ Zunge	द Augen	ध Haut	न Ohren
Erfahrungsebene	प Prakriti (Natur)	फ Ahamkara (Ego)	ब Buddhi	भ Manas	म Purusha (Selbst)
Begrenzungen	य Handlung	र Wissen	ल Verlangen	व Ton	ळ Schicksal
Fünf Wahrheiten	श Kriya (Handlung)	ष Jñana (Wissen)	स Iccha (Wille)	ह Shakti	क्ष Shiva

Devanagari ist heute noch in Hindi lebendig. Auch die tibetische Schrift ist aus diesem Alphabet entstanden und weist in ihrer Struktur nicht zu übersehende Parallelen damit auf. Bei der tibetischen Schrift wird der sich über den Zeichen befindende Strich aus Respekt vor dem Kopf zuerst gezogen.

Aus meiner Sicht stellt diese Linie eine Art Wasseroberfläche dar. Die dargestellte Klangvibration befindet sich darunter. Am Beispiel des Lotos zeigt dieser Bereich die Stufen des Wachstums zum Licht und korrespondiert mit den Ebenen der Chakras. Die Klangentsprechungen zum feinstofflichen Körper sind sehr komplex. Traditionell wird jedem Nadi ein entsprechender Klang zugeordnet. Tantra und Yoga sprechen von 72.000 Nadis im Körper. Der

Ursprung dieser Nadis befindet sich im Nervengeflecht des Bekkens an der Basis der Wirbelsäule, und sie durchziehen den Körper ähnlich wie die Adern in einem Blatt des Bodhi-Baums.

Mantras

Mantras sind Worte oder Klänge der Kraft, die in der rituellen Verehrung oder in der Meditation als Instrument zur Erwekkung der göttlichen Kräfte genutzt werden.

Jede Gottheit wird durch ihr eigenes Mantra vertreten. Korrekt ausgesprochen, ist dieses ein Träger von Energie und repräsentiert mit seiner Klangform die Kraft des entsprechenden göttlichen Wesens bzw. der entsprechenden psychischen Qualität.

Mantras können sich aus mehreren Worten zusammensetzen zu der Form eines Gebetes oder als Silbe, als reine Klangentsprechung, die jeweilige Kraft verkörpern. Allgemein entsprechen die Konsonanten der männlichen Natur und die Vokale dem Weiblichen. Jede einzelne Silbe ist somit ein Zusammenspiel von Shiva und Shakti.

Das folgende Beispiel gibt einen Einblick in das Mantra von Tripura Sundari, der Klangentsprechung des Shri-Yantra:

„ka e ī la hrīm
ha sa ka ha la hrīm
sa ka la hrīm"

Der erste Teil des Mantra, die erste Zeile, repräsentiert *Jnana-Shakti,* die Kraft der Weisheit, und steht in Verbindung mit dem schöpferischen Prinzip, Brahma. Sie wird dem Osten zugeordnet.

Der zweite Teil repräsentiert *Iccha-Shakti,* die Kraft des Willens, und steht in Verbindung mit dem erhaltenden Prinzip, Vishnu. Sie wird dem Süden zugeordnet.

Der dritte Teil repräsentiert *Kriya-Shakti,* die Kraft der Aktivität, und steht in Verbindung mit Rudra, dem zerstörenden Prinzip. Sie wird dem Westen zugeordnet.

Die Gesamtheit der drei Shaktis, Wissen, Wille und Handlung, findet ihre Entsprechung in den geheimen Silben und der Himmelsrichtung des Nordens.

„Hrīm" am Ende eines jeden der drei Teile des Mantra repräsentiert die drei *Granthis,* die Knoten der Täuschung auf den verschiedenen Ebenen (siehe Seite 170).
Das Mantra ist aus fünfzehn Silben aufgebaut. Die Zahl Fünfzehn korrespondiert mit den Phasen des Mondes.
Die drei Formen von „la" repräsentieren die drei Welten.
Die fünf Formen von „ha" repräsentieren den Klang.
Die Keimsilben für das Shri-Yantra oder das Mantra für die Tochter von Tripura Sundari sind:

„Aim" – die erste Vibration, die Quelle von Klang (Vågbhava)
„Klīm" – das erste Verlangen, die Liebe (Kamaraja)
„Sauḥ" – die erste Aktivität, die Kraft (Shakti)

Einige der geometrischen Darstellungen der zehn Formen der Göttin scheinen identisch zu sein, unterscheiden sich jedoch durch ihr Mantra und durch unterschiedliche Farbentsprechungen.

Die Mantras der Göttinnen *[10] sind:

Kali:	„krīm krīm krīm hūm hūm hrīm hrīm dakṣine kālike krīm krīm krīm hūm hūm hrīm hrīm svāhā"
Tara:	„Om hrīm strīm hūm phaṭ"
Bhuvaneshvari:	„hrīm"
Bhairavi:	„hsraim hsklrīm hssrauḥ"
Chinnamasta:	„Om śrīm hrīm hrīm aim vajra vairocanīyai hūm hūm phaṭ svāhā"
Dhumavati:	„dhūm dhūm dhūmāvatī svāhā"

Bagalamukhi:	„Om hlrīm bagalāmukhi sarvaduṣṭānām vācam mukham padam stambhaya jihrām kīlaya buddhim vināśaya hlrīm om svāhā“
Matangi:	„Om hrīm aim śrīm namo bhagavati ucchiṣṭacāndali śri matāngeśvari sarvajaśankari svāhā“
Kamala:	„śrim“

Die Silbe „hrīm“ ist sehr machtvoll, sie besitzt eine reinigende und transformierende Kraft. Sie ist das Mantra von Shivas Begleiterin und kann auch allein für alle Formen der Mahavidyas genutzt werden.
In der Silbe „hlrīm“ ist der Laut „la“ hinzugefügt. Dies gibt dem Mantra die Kraft, Dinge zum Stillstand zu bringen. Es ist die Keimsilbe für Bagalamukhi.
„Krīm“ entspricht der Kraft der Handlung. Es ist die Keimsilbe der Göttin Kali.
Göttlicher Zorn und Schutz werden durch die Silbe „hūm“ repräsentiert. Dies ist die Keimsilbe von Chinnamasta. „Hūm“ gibt die Kraft, Illusionen zu durchschneiden. Neben „Om“ kann „hūm“ auch als Keimsilbe für Tara verwendet werden.
Die Silbe „dhūm“ bedeutet Rauch, der verdunkelt, verbirgt und schützt. Dies ist die Keimsilbe von Dhumavati.
„Aim“ ist die Silbe des Wissens und wird für Matangi verwendet. Sie steht im Zusammenhang mit Weisheit, Lehren und Lernen.
„Śrīm“ ist die Silbe der Schönheit, Fülle und Pracht, aber auch der Hingabe und Zuflucht. Dies ist das Mantra von Kamala.
„Śtrīm“ repräsentiert die weibliche Natur, die Kraft zu gebären und zu nähren.
Die Silbe „phaṭ“ dient dazu, die Kraft zu konzentrieren.
„Swāhā“ ist die Opfergabe, die Hingabe oder das Selbstopfer. Es symbolisiert die Göttin, die das Opfer annimmt und verzehrt.

Die Farbe

Wie der Klang, so entsprechen auch die Farbklänge dem Weg des Lotos durch die Ebenen des Wassers zum Licht. Die folgende Darstellung auf Seite 168 zeigt die farblichen Zuordnungen zu den Chakras und zu den entsprechenden Elementen.

Farbe kann unterschiedlich eingesetzt und zur Wirkung gebracht werden. Die Farbstrahlung ist eine Möglichkeit, die Qualität der Farbe in ihrer Wirkung auf uns zu nutzen. Eine ayurvedische Methode zur Anwendung der Farbe besteht darin, Wasser in einem in der entsprechenden Farbe getönten Glas dem Sonnenlicht auszusetzen. Auf diese Weise wird die Energie der Farbe auf das Wasser übertragen und kann getrunken werden. Auch Öl für die Einreibung des Körpers kann auf diese Weise zubereitet werden.

Ferner kann Kleidung in einer bestimmten Farbe getragen oder der Wohnraum in einer bestimmten Farbe gestaltet werden. Schließlich kann Farbe visualisiert werden.

Die kontinuierliche Betrachtung einer Farbe, wie auf Seite 34 f. und in der Übung zur Visualisation *(Tratak)* beschrieben, bewirkt ein Nachbild in der komplementären Farbentsprechung. In der farblichen Darstellung der den Göttinnen zugehörigen Yantras wird jeweils über die komplementäre Erscheinung meditiert.

Grün entsteht aus der Mischung von Gelb und Blau, der Farbe der Sonne am Tag und der Farbe der Nacht. Grün ist die Farbe des Gleichgewichts, es erzeugt Frieden, Harmonie und Liebe. Die komplementäre Entsprechung zu Grün ist Rot.

Rot ist von weither sichtbar, es ist die Farbe des Lebens, der Revolution und Aggression. Es zerstört Furcht und gibt Freiheit von Regeln und Zwängen. Die Betrachtung von Rot erzeugt als komplementäre Entsprechung Grün.

Gelb ist die Farbe des Wissens und schenkt Verstehen. Die komplementäre Entsprechung ist Violett.

Violett ist die Farbe von *Akasha,* dem Element Äther. Es führt in die tiefe Meditation und schenkt Achtsamkeit.
Orange entsteht aus der Mischung von Gelb und Rot. Es ist die Farbe von warmem Licht und hilft dabei, andere Vorstellungen zu akzeptieren. Es wirkt unterstützend und stimmungsaufhellend bei Depression und inspiriert. Die komplementäre Entsprechung ist Blau.
Blau bringt Frieden und Ruhe. Es ist von magnetischer Wirkung.
Schwarz als totale Finsternis, tote Dunkelheit, erzeugt ein strahlendes goldenes Gelb, ein dem Sonnenlicht vergleichbares inspirierendes Leuchten.
Die Farben des Spektrums sind die Schwingungsanteile des Lichts, jener Kraft, die Leben und Wachstum bedingt. Als der Schöpfung zugrundeliegende Qualitäten werden die Elemente betrachtet. Aus der Sicht des traditionellen indischen Medizinsystems, dem Ayurveda, sind die fünf Elemente im Körper als drei Grundprinzipien manifestiert. Sie werden beschrieben als die drei Körperkräfte *(Tridoshas).* Äther und Luft bilden das leichte, bewegte Prinzip *(Vata).* Feuer und Wasser treten in Erscheinung als Körperwärme und Verdauung, das Feuerprinzip *(Pitta).*
Erde und Wasser manifestieren sich in Geschmeidigkeit und Öligkeit als Körperflüssigkeiten *(Kapha).*
Diese drei Prinzipien regeln die physiologischen und psychologischen Funktionen des Körpers. Die ihnen zugeordneten Emotionen sind Angst, Haß und Gier oder, auf einer höheren Ebene, Verständnis, Mitgefühl und Liebe.

- Rot wirkt erhitzend. Es steht in Beziehung zum Blut. Es regt den Kreislauf und auch die Bildung roter Blutkörperchen an. Es gibt dem Nervengewebe und dem Knochenmark Energie. Rot ist hilfreich bei Wind- und Kälte-Problemen (Vata, Kapha) im Körper, aber es ist nicht gut für Probleme mit Hitze (Pitta), wie zum Beispiel bei Entzündungen, da es diese fördert.

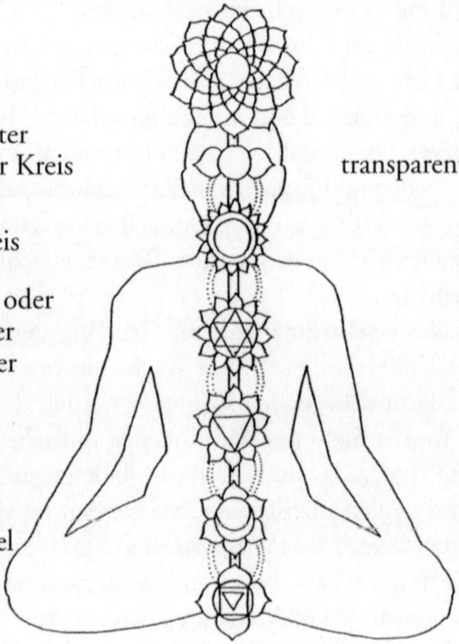

Die Yantras	Die Farbe der Blüten
	alle Farben
transparenter oder grauer Kreis	transparent rauchgrau
weißer Kreis	violett
grünlicher oder rauchgrauer sechseckiger Stern	blau
rotes Dreieck	gelb
weiße Mondsichel	orangerot
gelbes Quadrat	dunkelrot

Die Farbzuordnung zu den Chakras und ihren Yantras

- Orange ist eine wärmende Farbe. Es entspricht der Blütenfarbe des zweiten Chakra und gibt den Geschlechtsorganen Energie. Wer nicht enthaltsam lebt, kann sexuell übermäßig angeregt werden. In Verbindung mit Enthaltsamkeit hilft Orange bei der spirituellen Suche, und diese Energie kann zur Verwandlung in die höheren Bewußtseinsstufen genutzt werden.
- Gelb läßt die Energie nach oben steigen. Verstand und Intelligenz werden angeregt, und ein Verlangen nach Wissen wird geweckt. Gelb hat eine gute Wirkung auf Wind- und

Kälte-Störungen (Vata, Kapha). Es steht aber auch in enger Beziehung zur Galle und kann diese Funktion stören.

- Grün wirkt beruhigend und erfrischend, Diese Farbe steht in Beziehung zum Herzchakra und beruhigt die Gefühle. Als Komplementärfarbe zu Rot kann ein Übermaß an Grün aber auch das Feuer (Pitta) stören. Grün hilft, ein Übermaß an Wind und Schleim (Vata, Kapha) zu beruhigen.
- Blau ist die Farbe des reinen Bewußtseins. Es beruhigt Geist und Körper. Blau ist hilfreich bei Feuer-Problemen (Pitta), da es kühlend und beruhigend wirkt. Ein Übermaß an Blau kann sich daher störend auf diese Qualitäten (Vata, Kapha) auswirken.
- Violett gilt als die Farbe des kosmischen Bewußtseins. Es ist die Farbe der Meditation und führt zu einer Erfahrung des Bewußtseins. Es öffnet die Tore der Wahrnehmung und gibt ein Gefühl der Leichtigkeit. Es ist daher gut für Hitze und Kälte (Pitta, Kapha), kann aber im übermäßigen Gebrauch die Wind-Qualität (Vata) stören.

Farberscheinungen in der Meditation können in Verbindung mit den entsprechenden Qualitäten der Elemente stehen. In der Visualisation, zum Beispiel bei dem Motiv einer Blume, kann die Farbe, in der wir sie sehen, einen Hinweis auf den entsprechenden Bereich eines Chakra geben.

Durch bestimmte Bildsymbole werden psychische Erfahrungen zu den Chakras beschrieben. Von der Basis im Muladhara-Chakra ausgehend sind diese *[3]:

- ein rotes, mit der Spitze nach unten gerichtetes Dreieck und eine eingerollte Schlange
- völlige Dunkelheit oder ein weites, bewegtes Meer
- ein leuchtender gelber Lotos
- ein blauer Lotos auf einem See der Stille oder eine goldene Flamme unbewegt in einer dunklen Höhle

- das Fühlen von Kälte, so wie der Nektartropfen
- ein goldenes Ei
- ein leuchtender Lingam, umgeben von einem tausendblättrigen Lotos in Rot oder in vielen Farben.

Jedes Chakra birgt einen ganzen Speicher an Prägungen in sich. In drei Bereichen ist die Kraft der inneren Bindung an diese Phänomene besonders stark ausgeprägt. Im Yoga werden diese Knoten *Granthis* genannt:

- *Brahma-Granthi* hat seinen Wirkungsbereich auf der Ebene des Muladhara-Chakra; hier ist die Bindung an materielle Dinge und physische Annehmlichkeiten besonders stark.
- *Vishnu-Granthi* wirkt im Bereich des Anahata-Chakra und entspricht besonders starken emotionalen Bindungen.
- *Rudra-Granthi* wirkt im Bereich des Ajna-Chakra; hier geht es um mentale Anhaftungen und die Überwindung des Ego.
- Durch die Kraft von Chinnamasta können diese Knoten durchschnitten werden.

S. Shankaranarayanan beschreibt die Mahavidyas in ihrer Beziehung zu den verschiedenen Ebenen der Chakras:
Bhairavi befindet sich als eingerollte Energie, Kundalini- Shakti, im Muladhara- oder Wurzelchakra an der Basis der Wirbelsäule.
Die Realisation von Tara vollzieht sich im Manipura-Chakra.
Das dynamische Spiel von Kali ist im Anahata- oder Herzchakra zu fühlen, dem Sitz der wahren Emotion. Im Hintergrund ist hier auch Bhuvaneshvari präsent.
Im Vishudhi- oder Kehlchakra, dem Zentrum des Ausdrucks und der Artikulation, enthüllt sich Matangi.
Zwischen den Augenbrauen, in Ajna- oder Stirnchakra, das dem Willen und der Vision entspricht, herrscht Chinnamasta.

In Sahasrara- oder Scheitelchakra findet die Realisation der Liebe und Glückseligkeit von Tripura Sundari statt. Diese Kräfte werden durch Bagalamukhi kontrolliert. Wenn sie ihre volle Entfaltung erreichen, entspricht dies der Güte von Kamala. Im Samadhi befinden wir uns in der Präsenz von Dhumavati.*[8]

Die Göttin als Ausdruck der Kreativität

Das weibliche Prinzip und der kreative Prozeß

Das weibliche Prinzip verkörpert die Schöpfungsenergie im Universum. Die Göttin als Mutter aller Erscheinungsformen bietet die Möglichkeit, über ihre Gesetze die der Natur zugrundeliegende Struktur zu erkennen und uns auf dem Weg in ein bewußtes Sein zu führen.

Eine ihrer Ausdrucksformen repräsentiert die Erscheinungen der Außenwelt. Dazu gehören beispielsweise die Formen und Farben, die wir sehen, oder die Situationen und Begegnungen, mit denen wir konfrontiert werden. Da sie das Reich der Dualität verkörpert, zeigt sich durch sie das, was wir als „Du" erfahren, das „Andere", das wir als von uns getrennt betrachten und entsprechend als gut oder schlecht, hilfreich oder hinderlich empfinden.

An der Art und Weise, wie wir die Dinge erfahren – eben als gütige oder erschreckende Erscheinungsform – läßt sich erkennen, daß all diese Erscheinungsformen nicht unbedingt getrennt von uns existieren. Dies kann an einem beliebigen Begriff verdeutlicht werden. Wenn wir beispielsweise das Wort „Baum" hören, so hat jeder sein persönliches Bild davon. Der eine ist angenehm berührt: Er erinnert sich an seine große Liebe, die er unter einem Baum getroffen hat. Ein anderer erinnert sich dabei an einen Sturz beim Äpfelklauen. Dies verdeutlicht, wie die Erfahrungen im äußeren Bereich und unsere Wahrnehmungen von unseren gespeicherten Inhalten geprägt werden. Letztlich sind unsere Begegnungen – nicht nur in der Verarbeitung von Begriffen, sondern auch diejenigen mit alltäglichen Situationen – nach Art ihrer Erscheinung ein von uns selbst geschaffenes Produkt.

Die Göttin als das weibliche Prinzip verkörpert also auch jene verbindende Kraft darin, wie wir die Welt erfahren oder was wir in dem anderen sehen, und zeigt auf diese Weise, was wir projizieren oder in einer anderen Form auch anziehen. Sie ist der geheimnisvolle Spiegel, der uns das Bild vom Leben, von unserer Welt und von uns selbst wiedergibt. Diese weibliche Energie in uns ist das Bewußtsein auf den verschiedenen Ebenen seiner Entfaltung. Auf diese Weise läßt die Göttin unsere persönlichen schöpferischen und gestaltenden Energien in einem völlig neuen Licht erscheinen. Ihre Gesetzmäßigkeit eröffnet einen Weg, über die bewußte Betrachtung und Handhabung unseres kreativen Potentials die dahinter verborgene wahre Selbstnatur zu entdecken.

Am Himmel wird diese weibliche Kraft durch den Mond repräsentiert. Er beeinflußt die Gewässer und reflektiert das Licht der Sonne in ständig sich wandelnder Form. Damit symbolisiert er die Außenwelt als Spiegel unserer eigenen Natur und zeigt unsere Reflexion als das Licht, in dem wir die Dinge sehen. Auch unsere emotionalen Bewegungen von Ebbe und Flut werden durch die Art dieser Reflexion bestimmt.

Das Formenspektrum der Schöpfung beinhaltet die Erscheinung des Lichts, das die Dinge erkennbar werden läßt. In seiner Essenz ist beides Schwingung und somit weibliche Kraft. Im übertragenen Sinne umfaßt das schöpferische Spiel den ganzen Bereich des kreativen Ausdrucks, die Gestaltung mit Form und Farbe, Musik, Poesie, Tanz – und auch das Sein.

Nach der Betrachtung der schöpferischen Energie in ihren kosmischen und innerkörperlichen Erscheinungsformen folgt nun vor diesem Hintergrund ein Blick auf den persönlichen schöpferischen und gestaltenden Ausdruck, hier am Beispiel Bild.

Die kreative Erfahrung bei der Bildgestaltung

Der makrokosmischen schöpferischen Energie entsprechend, können wir uns als mikrokosmische Schöpfer im Bereich der Bildgestaltung betätigen. Im Spiel mit der Polarität, dem Spektrum der Form- und Farberscheinungen, können wir den uns entsprechenden Eigenschaften Ausdruck verleihen. Die äußere Darstellungsform bietet die Gelegenheit, die bearbeiteten Inhalte in einem neuen Licht und aus der Distanz zu betrachten, so daß wir sie auf diese Weise neu erleben und erforschen können. Wie im Bereich des Erlebens der inneren Bilderwelt können wir auch in dem äußeren Bildgestalten durch bewußte Wahrnehmung und neutrale Achtsamkeit den Weg zur inneren Einheit finden. Das Bild ist ein symbolischer Handlungsraum, in dem wir – über die Symbolebene – die verschiedenen Schichten des Seins berühren.

Die Grundelemente der Manifestation finden sich in jeder Erscheinungsform wieder: in der kosmischen Dimension, im physischen Bereich und auch auf der symbolischen Bildebene. Auf diese Weise können wir die Gesetze der Göttin, ihre Qualitäten und Ausdrucksformen der Weisheit auch in diesem Bereich nutzen.

Die inneren Bildprojektionen sind mit Emotion gefüllt. Die Emotion ist von dualer Natur und repräsentiert die Beziehung, die wir zu den Erscheinungsformen haben, in der Form von Haß oder Liebe, Schmerz oder Freude usw. In der einen oder anderen Weise binden uns die emotionalen Fesseln an die Objekte. Aus tantrischer Sicht gilt es die darin gefangene Energie zu befreien.

Dadurch verwandelt sie sich in das reine Verlangen, welches das geheime Band zwischen Schöpfer und Schöpfung ist.
Die Gefühle und Emotionen sind wie das Wasser, wie Ebbe und Flut und die tanzenden Wellen auf dem Meer. Am Beispiel der Lotosblume symbolisiert der Bereich des Wassers die Ebenen der Chakras im Körper, durch welche die Pflanze wächst, bis sie über der Wasseroberfläche ins Licht kommt. Dieser Weg zeigt die verschiedenen Ebenen der Schwingung des Lichts, den Regenbogen in uns.
Auf der Symbolebene im Bild entspricht die Farbe der Emotion. Besonders in der Kombination mit Wasser, wie es beim Aquarellieren der Fall ist, kann mit dem Fluß der Farbe die Emotion ins Fließen gebracht werden. Wie das Symbol des Lotos veranschaulicht, wächst dieser aus dem Schlamm durch die tiefen und dunklen Schichten des Wassers auf seinem Weg durch die immer lichteren und helleren Bereiche, bis er zum Licht gelangt.
In ähnlicher Weise kann bei der Aquarelltechnik, je nach Verdünnung der Farbe, von einem dicken Farbauftrag bis hin zu einer transparenten, lichten Farbspur gearbeitet werden. Wie in der Homöopathie, handelt es sich auch hier um das gleiche Farbpigment, doch in einer unterschiedlichen Potenz. Ein dick aufgetragenes Rot wirkt in einer ganz anderen Art und Weise als ein mit Wasser verdünntes zartes, helles Rosa.
Die Verbindung zur Emotion wird ersichtlich in der Betrachtung der Gefühle und der inneren Erlebnisse, die durch den Umgang mit den unterschiedlichen Farbnuancen ausgelöst werden. Zur Erforschung der Farbintensität in ihrer Wirkung auf uns können wir beispielsweise mehrere transparente Farbschichten übereinander auftragen. In der zunehmenden Verdichtung und Intensivierung der Farbe, die sich durch das Auftragen von jeder neuen Schicht ergibt, können wir dem entsprechenden inneren Vorgang in diesem stufenweisen Eintauchen in die Tiefe der Farbe folgen.

Dies ist ein sehr spannendes Experiment, da wir mit jeder Schicht weiter in die Tiefe unserer Gefühle, zu der entsprechenden Farbe, tauchen können und dieser Inhalte bewußt werden. Die lichte, transparente Farbe zu Beginn wird meist von feinen und zarten Assoziationen begleitet. Mit dem Auftragen der folgenden Schichten wird auch das Erleben verdichtet, und mit der fünften oder sechsten Schicht stößt man mit Sicherheit an einen angestauten konkreten Eindruck, der an die Oberfläche drängt.

Die Farberscheinung resultiert aus der Begegnung von Licht und Materie. Klare Materie, wie Kristall oder Wasser, ist in der Lage, das Licht in seinem Farbenspektrum zu zeigen. Durch die Trübung von Licht, wie es – beim Sonnenuntergang – durch das Eintauchen der Sonne hinter den Staubpartikeln deutlich wird, erscheint Rot. Beim Malprozeß kommt Rot auf uns zu; es bewirkt ein Eintauchen in die Materie – Leidenschaft. Es erhitzt, regt an und bindet uns an die physischen Vorgänge.

Blau erscheint durch die lichte Trübung der Dunkelheit. Es zieht uns in die Ferne, regt zum Nachdenken und Träumen an. Blau wirkt kühlend und zieht uns aus der physischen Realität heraus in die geistige Welt.

Gelb strahlt in alle Richtungen aus. Es zentriert und weist auf die Mitte. Dies verdeutlicht die Beziehung der Farben zu den verschiedenen Ebenen der Chakras und zeigt die Qualität der Farbe als den Regenbogen, der atmend in uns steht.

So wie wir über die Farbe auf die Emotion wirken, steht die Form in Beziehung zu der mentalen Aktivität. Die Korrespondenz der Grundformen mit den Energiezentren der Chakras und den Elementen wurde bereits dargestellt. Die geometrische Konstruktion der Grundformen zeigt, daß hier wenig Raum für die Emotion und deren freien Fluß bleibt. Die mentale Aktivität wird aber nicht nur in der geometrischen Konstruktion oder in perspektivischen Darstellungen angesprochen, sondern der ganze Bereich des graphischen Gestaltens wirkt auf dieser Ebene.

Die hier angesprochene Form von Dualität bezieht sich auf positiv und negativ, Licht und Schatten, Form und Gegenform oder Figur und Umfeld. Damit bezieht sie sich auch auf die Projektion in der Form von „Ich" und „Anderes", in der die Emotion das Verbindende ist – so wie wir die Form im Bild mit der Farbe beleben. Im Bereich der Schraffur, mit der wir die Übergänge zwischen Licht und Schatten schaffen, nähern wir uns dieser Qualität auf der graphischen Ebene. Ein durch die Emotion gefärbter Ausdruck kommt durch die Art der Strichführung und deren Fluß zustande, zum Beispiel in Form von weichen, geschwungenen Linien oder einer harten, kantigen Struktur. Dies ist vergleichbar mit der mentalen bzw. verbalen Ebene und dem persönlichen Ausdruck, der auch über die Handschrift sichtbar wird.
Durch die Betrachtung der Ausdrucksmittel im Bild wird die Schöpfung als kreatives Spiel dieser Grundqualitäten verständlich. Die Yantras in ihrer Kombination aus den reinen Grundformen und -farben symbolisieren die dem Schöpfungsspiel zugrundeliegenden Kräfte.
Die Erscheinungsformen der Göttin zeigen uns über die Reflexion unseres Selbstausdrucks Wege zur Bewußtwerdung und Selbstverwirklichung. So wie ein Künstler in der räumlichen Darstellung von Körpern die perspektivische Konstruktion nicht sichtbar werden läßt, sondern in Form von inneren Richtlinien unsichtbar zugrunde legt, verhält es sich mit dem Gesetz der Göttin im Schöpfungsprozeß.
Auf diese Art und Weise können wir ihre Kraft im kreativen Prozeß nutzen. Ähnlich wie bei den Meditationsübungen findet auch beim Malen eine Fokussierung statt. So wie die Achtsamkeit in der Meditation auf den Punkt, ein Objekt oder auf den inneren Raum gerichtet ist, so kann auch die Achtsamkeit auf die Linienführung, auf die Wiedergabe eines Objekts im Naturstudium oder allgemein auf den kreativen Ausdruck in seiner

Umsetzung auf dem Papier gelenkt werden. Als neutraler Beobachter können wir dabei aus dem Unbewußten auftauchende Inhalte beobachten und zur Kenntnis nehmen.
Während ich mehrere Tage lang an einem Bild malte, war mir aufgefallen, daß bei der Arbeit an den gleichen Stellen im Bild parallel dazu auch Gedanken oder Emotionen der gleichen Art auftauchten. Einmal lief im Hintergrund ein spannender Fernsehfilm, den ich während des Malens mithörte und innerlich verfolgte. Als ich ohne diese Hintergrundkulisse an einem anderen Tag an diesem Bild weiterarbeitete, tauchten entsprechend ergreifende Filmszenen zu bestimmten Bildstellen auf, obwohl es sich um eine völlig andere Darstellung handelte.
Durch diese und auch andere Erfahrungen ist es für mich eine Tatsache, daß parallele innere Erlebnisse in der Darstellung gespeichert sind. Ob allgemeingültig oder nicht – für den Maler gilt dies mit Sicherheit. Die Stimmung, aus der heraus ein Bild geschaffen wurde, schwingt immer mit, schon allein durch die Präzision oder Hingabe, die darin sichtbar zum Ausdruck kommt. Welcher Intention auch immer wir Ausdruck verleihen, wir stellen damit eine Form der Manifestation wirkend in den Raum. Dies zeigt, wie das Bild zum Träger von Emotions- und Gedankenmaterial wird, das an seinem Entstehungsprozeß mitbeteiligt war, und wie auch durch die Räumlichkeit bedingte Verhältnisse am Entstehungsprozeß beteiligt sind.
Deshalb soll der Raum gereinigt und das Yantra an einem ruhigen Ort gemalt werden. Damit wird auch noch einmal verdeutlicht, aus welchem Grund Yantra und Mantra nicht voneinander zu trennen sind; denn nur ein Yantra, das mit der entsprechenden Willens- und Intentionskraft – durch das Wort verkörpert – gefüllt ist, kann auch als Gefäß dieser Kraft dienen.
Durch die entsprechende Klarheit und Einheit mit dem Dargestellten kann das Bild zu einem mächtigen Werkzeug werden. Zum anderen kann das Bild auch als Medium genutzt werden,

um allen Emotionen, Ängsten, Vorstellungen und Wünschen Ausdruck zu verleihen. Auf diese Weise können wir sie uns gegenüberstellen, und vielleicht fällt es uns dann leichter, ihre Inhalte neutral und bewußt zu betrachten.
Das Bild wird damit zur Bühne, auf der wir dem Spiel unseres schöpferischen Impulses freien Lauf lassen können. Durch die neutrale Betrachtung können die Reflexionen unseres Selbst wie in einem Spiegel wahrgenommen werden. Wenn wir uns direkt in der Emotion oder in einem Gedanken verstrickt befinden, kann es schwerfallen, den Dingen neutral ins Auge zu sehen. Über den Ausdruck im Bild wird es leichter, das Dargestellte als einen Ausschnitt zu betrachten und die weiteren Aspekte des Ganzen zu erforschen.
Eine Möglichkeit besteht auch darin, daß wir uns das Gegenstück dazu begreiflich machen, die komplementäre oder polare Entsprechung zum dargestellten Inhalt oder Motiv zu erfassen suchen und dadurch eine völlig neue Perspektive eröffnen. Damit erfahren wir den Kreis als Spielfeld der Erscheinungsformen.

Die zehn Mahavidyas als Führerinnen im kreativen Prozeß

Wenn wir den Kreis als innere Orientierung wählen, um seinen zentralen Ursprung zu erforschen, bieten sich die zehn Erscheinungsformen der Göttin im kreativen Prozeß als kraftvolle Führerinnen auf dem Weg an.
Durch die Erforschung der anderen Aspekte können wir die von uns dargestellten Inhalte auch als Ausschnitte in einem zeitlichen Prozeß begreifbar machen, indem wir betrachten, woraus sie hervorgehen und was sich daraus entwickeln kann. Auf diese Weise nähern wir uns der Qualität der Vergänglichkeit von Kali.
Wenn wir uns dem Bild zuwenden und uns der inneren Führung anvertrauen und dieser folgen, nähern wir uns der Qualität von Tara.
Durch die Motivation, den Willen zur Selbsterforschung im kreativen Prozeß und die bewußte Betrachtung der darin verborgenen Schönheit wirkt die Kraft von Tripura Sundari.
Das kreative Spiel im Bild bietet die Möglichkeit, unbewußten Eindrücken Ausdruck zu verleihen. Durch die bewußte Wahrnehmung der dabei auftauchenden unbewußten Inhalte erweitern wir den Raum unserer Wahrnehmung und nähern uns der Qualität von Bhuvaneshvari.
Bhairavi verkörpert die Disziplin, die wir aufbringen, die Zeit, die wir opfern, und den Gedankenfluß, den wir zum Schweigen bringen im inneren Einswerden mit den reinen Qualitäten von Farbe und Form.
Die Qualität von Chinnamasta spricht über die Vision, die Lichtblicke im Prozeß, wenn wir die Sinne überwinden und Farbe und Form als blitzartiges Erkennen in uns sprechen.

Dhumavati läßt sich mit der Bezeichnung der „brotlosen Kunst" assoziieren. Sie verkörpert das Alleinsein mit dem Bild, wenn wir der dunklen Seite ins Auge schauen.
Bagalamukhi zeigt, wie wir das Gesetz der Opposition, den komplementären Aspekt in allen Dingen nutzen können. Sie macht deutlich, daß dem Dunkel das Licht gegenübersteht, und sie hilft dabei, auf den Punkt zu kommen, die Wahrheit zu finden und aus der Mitte zu schöpfen. Sie zeigt, wie wir durch Kontrolle den Mittelpunkt bewahren und unsere Kraft finden können, wenn wir uns nicht treiben lassen und in der Dunkelheit untergehen, sondern uns im Licht über alles erheben.
Matangi versinnbildlicht die Hingabe, wenn wir uns selbst vergessen und Farbe und Form durch uns sprechen lassen.
Wenn wir nicht aus Gründen des Profits malen, sondern das Bild ein reines Gefäß der sich entfaltenden Energie ist, eine Verbindung zwischen Erde und Himmel und in seiner Ausstrahlung somit für alle eine Bereicherung, nähern wir uns der Qualität und dem Segen von Kamala.
Das Bild ist ein symbolischer Handlungsraum – ein experimentelles Spielfeld für unsere schöpferische und gestaltende Energie. Die Beschreibung, hier am Beispiel des Malprozesses, macht deutlich, wie sich die Qualität der Göttin auch im Alltag in jeder Handlungsform verwirklichen kann.

Zu den Meditationskarten

Eine Übersicht und ergänzende Zusammenfassung der Symbolik

Diese aus der Meditation und für die Meditation entwickelten Motive haben ihren Ursprung in Tantra. Ziel dieser alten Wissenschaft ist die Selbsterkenntnis, die Erfahrung der eigenen Natur als Ausdruck der Einheit von Mikrokosmos und Makrokosmos, die Selbstverwirklichung.

Die Praxis von Tantra ist Yoga, die Vereinigung von Shiva und Shakti, Bewußtsein und Energie oder Geist und Körper. Die hierzu genutzten Werkzeuge sind Mantra und Yantra, das Wort und das Bild. Wort und Bild repräsentieren die Willens- und die Vorstellungskraft als die uns motivierenden Kräfte, die unser Handeln beeinflussen und lenken.

Effektives Handeln und bewußtes Sein setzen voraus, daß wir diese beiden Kräfte beherrschen und nicht durch unbewußte Vorstellungen und emotionales Wollen getrieben werden. Wenn wir in der Lage sind, eine Vorstellung zu halten, sind wir auch fähig, Vorstellungen loszulassen.

Die geometrische Darstellungsform des Yantra ist dazu geeignet, Gesetzmäßigkeiten auf einer visuellen Ebene auszudrücken und zu vermitteln. Im Gegensatz zu anderen Bildsymbolen ist die geometrische Ausdrucksform neutral und klar. Symbolmotive, wie zum Beispiel ein Baum, haben durch die Art und Weise ihrer Darstellung immer eine persönliche Färbung. So kann ein Baum grün, kahl, in Blüte, Früchte tragend, knorrig, alt, biegsam, jung, hoch gewachsen oder weit ausladend sein. Die Form des ausgewählten Baumes enthält immer eine zusätzliche Information.

Die geometrische Form ist dagegen von einer solchen Prägung unberührt. Ein Quadrat bleibt ein Quadrat, wer auch immer es sich vorstellt oder darstellt. Es verkörpert eine ganz bestimmte Gesetzmäßigkeit. In ähnlicher Weise repräsentiert die Farbe eine bestimmte Qualität.

Tantra nutzt diese klare Form der Darstellung, um die inneren Strukturen und die reinen Kräfte der Erscheinungsform zu vermitteln. Die äußere Betrachtung wirkt als Brücke, um die durch Form und Farbe ausgedrückte Qualität im eigenen Inneren zu entdecken und lebendig werden zu lassen.

Das Kartenset

Die beiliegenden Karten veranschaulichen die im Text beschriebenen Formen der Göttin in ihrer geometrischen Darstellungsweise. Als Yantras ermöglichen sie, die Symbolkraft von Farbe und Form zu erforschen und die durch sie übermittelten Inhalte selbst zu entdecken.

Die Karte kann direkt als Meditationsobjekt verwendet werden. Eine genaue Beschreibung dieser Technik ist in dem Kapitel „Tratak“ (Seite 35 f.) gegeben. Durch die Fixierung des Blickes auf den zentralen Punkt des Yantra wird es möglich, das komplementäre Nachbild mit geschlossenen Augen zu betrachten. Das Abschweifen des Blickes kann in einer Art von doppelbelichtetem Nachbild resultieren. Es ist daher erforderlich, den zentralen Punkt kontinuierlich im Auge zu behalten. Nur so kann auch ein klares Nachbild erscheinen.

Die Beobachtung dieser Struktur bildet den Anker, um die Achtsamkeit in der Meditation zu halten. Das Yantra selbst wirkt als Aufforderung, welche die entsprechenden persönlichen Bereiche anspricht und erfahrbar macht.

Die Karte kann auch als Vorlage genutzt werden, um selbst das Yantra zu konstruieren.[19] Durch den Prozeß des Zeichnens und Malens wird eine intensive Auseinandersetzung mit Form und Farbe angeregt. Man kann ganz in die Konstruktion und das Mischen der Farbtöne eintauchen. Eine Folgeerscheinung davon ist, daß ein Nachbild auch noch mehrere Stunden nach dem Malen als inneres Bild auftreten kann. Dies veranschaulicht, daß die Wirkung auch sehr lange andauern und entsprechend tief gehen kann. Dies ist davon abhängig, wie weit wir uns auf das Bild einlassen. Die eigene Anfertigung eines Yantra ermöglicht eine größere Darstellung, so daß bei der meditativen Betrachtung nicht die Begrenzung der Karte als Nachbild erscheint. (Dieser Effekt kann aber auch dadurch neutralisiert werden, daß die Karte vor einem Hintergrund mit dem gleichen Farbton wie der Kartenhintergrund betrachtet wird.)

Eine intensive Auseinandersetzung mit dem Motiv ist nicht mit dem Konstruktionsprozeß verbunden. Auch in der reinen Betrachtung kann man sich der Struktur und ihrer Dynamik öffnen. Wenn das Motiv nur kurz fixiert, dann der Komplementäreffekt wahrgenommen und gleich das nächste ausprobiert wird, so ist die Begegnung generell oberflächlich. Eine intensive Betrachtung erzeugt auch ein intensives Nachbild. Die genaue Betrachtung des Nachbildes zeigt, daß es nicht so statisch ist wie das äußere Bild, sondern vielmehr lebendig und bewegt. Nicht nur die Farberscheinung wandelt sich, sondern auch die Form ist bewegt. Je nachdem, worauf wir die Achtsamkeit in diesem inneren Bild richten, spiegelt sich eine andere Form der Wahrnehmung wider. So kann es sein, daß nur das äußere Quadrat klar erscheint, dann aber doch der Blütenkreis aufleuchtet oder nur das innere Symbol als dominant erscheint.

Diesen Prozeß zu beobachten ist wie ein Spiel mit der eigenen Form der Wahrnehmung. Es erfordert eine entspannte und neutrale Achtsamkeit, um alle Bereiche gleichermaßen zu erfassen. Spielerisch kann auf diese Weise eine neutrale und bewußte geistige Haltung trainiert, das Konzentrationsvermögen gesteigert und das innere Gleichgewicht gefördert werden.

Da die Grundformen den Aufbau des Yantra bestimmen und auch den Basisenergien der Elemente entsprechen, ist es sinnvoll, mit der Betrachtung dieser Symbole zu beginnen.

Die geometrischen Grundformen

Bindu: Punkt

Der Punkt ist das Symbol der Einheit und des Selbst. Er repräsentiert den Keim aller Formen und die zentrale Kraft der Konzentration.

Der schwarze Punkt stellt ein einfaches, aber sehr kraftvolles Symbol dar. Bei der Betrachtung dieser Karte zeigt sich als komplementäre Entsprechung ein goldener Lichtpunkt im dunklen Raum.

Im Yantra dient dieser Punkt als Fokus. Er zeigt den Ursprung der Darstellung: zum einen als Ausgangspunkt für die Konstruktion des Yantra und zum anderen als Symbol für die Gottheit, deren Wirkungsraum und Aktionsradius durch die Struktur des Yantra dargestellt wird.

Der Punkt ist somit der Ursprung, aber auch das Ziel der Betrachtung, die eigene Quelle der Kraft, das innere Licht.

Äther-Element: Kreis

Der Kreis zeigt den Punkt in seiner Ausdehnung. So wie die Strahlen des Lichts den Umkreis erhellen, stellt der Kreis den Wirkungs- und Wahrnehmungsradius dar.

Anfang und Ende vereinigen sich im Kreis. Der auf diese Weise beschriebene Kreislauf verdeutlicht dieses Symbol als einheitliche Darstellung der dualen Natur im Raum der Zeit.

Die Kreisform entspricht dem Element Äther oder Raum. Dies ist der Raum, in dem die Dinge in Erscheinung treten, aber auch der Raum der Wahrnehmung. Die farbliche Entsprechung ist eine klare, durch einen weißen Kreis dargestellte Scheibe. Weiß ist eigentlich keine Farbe, aber es enthält alle Farben, so wie der Raum die Erscheinungen in sich trägt.
Bei der Betrachtung dieses Symbols zeigt sich als komplementäre Entsprechung ein dunkles Loch, ähnlich einem Durchgang in einen dunklen Raum, der einen rötlichen Grundton in sich trägt.
Im Yantra zeigt der Kreis den Raum an, in dem die beschriebene Qualität präsent ist. Als Sinnbild der Entfaltung und Ausdehnung erscheint der Blütenkreis, aber auch die Zeiträume von Vergangenheit, Gegenwart und Zukunft werden als konzentrische Kreise dargestellt. Der Kreis zeigt den zyklischen Raum der Wandlung.
Äther steht auch in Verbindung mit Klang. Das dem Element Äther zugeordnete Handlungsorgan sind die Stimmbänder. Im Körper entspricht dieses Symbol dem Kehlchakra und korrespondiert mit der Farbe Violett.

Luft-Element: sechseckiger Stern

Der sechseckige Stern wird aus zwei entgegengesetzt gerichteten Dreiecken mit einem gemeinsamen Mittelpunkt gebildet. Sie repräsentieren die Vereinigung polar gerichteter Kräfte. Diese Figur bildet das zentrale Symbol vieler Yantras. Es zeigt die Harmonie in der Dualität und ist der Ausdruck des Friedens durch das Gleichgewicht von entgegengesetzt gerichteter Energie.
Diese Grundform steht für das Element Luft. Seine farbliche Entsprechung ist grün, die Farbe der Harmonie und des Aus-

gleichs. Grün entsteht durch die Vereinigung von hellem, strahlendem Gelb mit der Dunkelheit und der Tiefe von Blau.
Im Körper entspricht diese Symbol der geometrischen Darstellung des Herzchakra. Es erinnert damit auch an die Ruhe des Herzens und den Frieden zwischen den dualen Mächten der Gefühle.

Feuer-Element: Dreieck

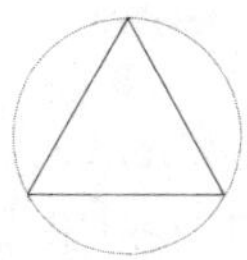

Die Form des Dreiecks ist von dynamischer Natur. Es geht von einer Seitenkante als Basis aus und zeigt mit der gegenüberliegenden Spitze eine Richtung an. Damit symbolisiert es gerichtete Energie. Seine farbliche Entsprechung ist die aktive Farbqualität von Rot.
Im Körper steht es mit dem Solarplexus in Verbindung und findet seine Entsprechung in der geometrischen Darstellung des Nabelchakra. Es erinnert an den Verbrennungsvorgang der Verdauung und stellt die zentrale Kraft dar.
Durch das Dreieck wird das Element Feuer versinnbildlicht. Feuer ist Symbol für Transformation und Reinigung.

Wasser-Element: Mond

Die Darstellungsform einer Mondphase in einem Kreis repräsentiert die sich wandelnde Qualität, die in der zunehmenden

und abnehmenden Form des Mondes zu sehen ist, aber auch bei Ebbe und Flut und durch die Wellenbewegung des Wassers in Erscheinung tritt.
Die Mondsichel versinnbildlicht das Element Wasser. Bei der inneren Reinigung der Elemente wird dieses Symbol für Wasser mit einer weißen Mondsichel und zwei Lotosblüten in einem Kreis aus Wasser beschrieben. Dies weist auf die duale Natur dieser Qualität hin und verdeutlicht den Mond als zweites Licht am Himmel, als Reflektor des Sonnenlichts.
Die weiße Farbe entspricht der Eigenschaft des Klaren und Ungetrübten. Sie steht in enger Verbindung mit Blau. Ein Teil der Luft ist ebenso klar wie ein Tropfen Wasser. Je tiefer diese Klarheit jedoch in ihrer räumlichen Ausdehnung ist, um so blauer erscheint sie. So wirkt der Himmel oder eine Landschaft in der Ferne blau und auch Wasser in seiner Tiefe dunkel und bläulich.
Die Klarheit in uns ist das Bewußtsein. Das Symbol der Mondsichel als Teil eines Kreises deutet auf die nur teilweise bewußten Bereiche und auf das Unbewußte in uns hin. Im Körper findet dieses Symbol seine Entsprechung in der geometrischen Darstellung des Sakralchakra, dem Sitz der Emotion.

Erd-Element: Quadrat

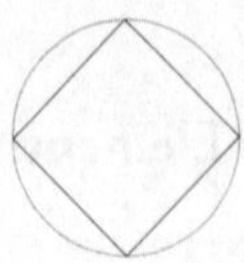

Die quadratische Form wirkt stabil, fest und unbewegt. Das gelbe Quadrat symbolisiert das Element Erde und beschreibt die materielle physische Ebene.
Bei der Betrachtung des Yantra bildet das Quadrat die äußere Umgrenzung und zeigt die vier Eingangstore zum inneren Be-

reich. Im Yantra ist das Quadrat entsprechend der drei Aggregatzustände – fest, flüssig und gasförmig – dreischichtig aufgebaut.
Gelb ist die Farbe der Mitte. Zum einen steht Gelb im Regenbogen an zentraler Stelle; aber auch bei der Aufteilung des Farbkreises in warme und kalte Farben bildet Gelb die neutrale verbindende Qualität, die Mitte. Innerlich entspricht Gelb dem reinen Gedanken, dem im Hier-und-Jetzt-Sein.
Im Körper zeigt die geometrische Darstellung des Wurzelchakra das gelbe Quadrat.
Das in der Astrologie gebräuchliche Symbol für die Erde ist ein Kreuz in einem Kreis. Diese Struktur beschreibt ebenfalls die rechtwinklige und statische Eigenschaft, aber auch eine zentrierte Qualität. Dieses Symbol repräsentiert – ähnlich wie die vier Eingangstore des Yantra – die vier Himmelsrichtungen und die Sonnenwendpunkte.

Die Grundformen als Schlüssel zum inneren Erleben

Durch die innere Betrachtung wird die Grundform in ihrer Farbgebung zu einem Tor, das als Eingang in das Reich des symbolisch dargestellten Elements genutzt werden kann.
Beobachte, wie du dich darin fühlst und was dir dort begegnet. Das Symbol kann bestimmte Assoziationen wecken, Eindrücke und Gefühle in dir hervorrufen, die mit der betreffenden Qualität in Verbindung stehen.
Es ist ratsam, sich nicht gleich alle Karten an einem Tag anzusehen, sondern sich dafür Zeit zu nehmen. Je mehr Raum du dir für die Betrachtung nimmst, um so tiefer wird die Erfahrung sein.

In manchen Elementen fühlt man sich einfach wohl und geborgen, in anderen vielleicht doch etwas unbehaglich, oder man läßt schon von vornherein dieses Symbol bei der Betrachtung aus. Durch eine bewußte und neutrale Beobachtung dieser in Erscheinung tretenden Phänomene und der dadurch in dir hervorgerufenen Gefühle und Gedanken kannst du viel über dich selbst und deine Beziehung zu diesen Grundenergien erfahren. Auf diese Weise lassen sich Zusammenhänge entdecken, die bislang im Dunkeln lagen.

In der chinesischen und tibetischen Medizin sowie im Ayurveda bilden die spezifischen Eigenschaften der Elemente die Basis für die Diagnose körperlicher und psychischer Ungleichgewichte. Auch die Alchimisten und Ärzte wie Paracelsus haben auf der Grundlage der Elemente gearbeitet.

Die Erforschung der eigenen Beziehung zu diesen Grundenergien kann Hinweise geben, in welchen Bereichen eine gute Basis besteht und in welchen Bereichen Unsicherheit herrscht, wo sich Blockaden oder Widerstände befinden. Die Betrachtung der betreffenden Inhalte im Reich der inneren Bilderwelt führt die weiteren Zusammenhänge direkt vor Augen und kann klar widerspiegeln, welche Situationen wir gut beherrschen und welche Teile unserer Persönlichkeit mehr Aufmerksamkeit fordern. Gerade das unsichere Gelände oder die beängstigenden Situationsbereiche lassen sich auf der inneren Bildebene gefahrlos begehen. Damit verbundene Gefühle und Gedanken können wachsam beobachtet werden. Auf diese Weise läßt sich der Umgang mit Situationen dieser Art im Alltag üben. Gerade das scheinbar Abschreckende enthüllt oft verborgene innere Schätze.

Die zehn Mahavidyas

Die zehn Mahavidyas, die Weisheitsaspekte der Göttin, beschreiben das gesamte Wissen des Universums. Jede dieser Göttinnen hat eine kosmische Funktion. Gemeinsam sind sie Ausdruck der Lebenszyklen und bilden eine Zusammenfassung der verschiedenen Ebenen der Existenz. Ähnlich wie die Inkarnationen Vishnus beschreiben sie Kräfte zur Wiederherstellung und Erhaltung der Ordnung und Harmonie in der Welt. In ihren erschreckenden und gütigen Erscheinungsformen bestürzen oder inspirieren sie. Sie repräsentieren die Kräfte des sich wandelnden Lebensprozesses, das Entstehen und Vergehen, das Verschlingen und Verschlungenwerden.
Die zehn Mahavidyas sind Formen von Kali, der uranfänglichen Energie.

Kali

Kali stellt das uranfängliche Prinzip der Evolution dar. Sie verkörpert die Macht der Zeit, das Gesetz der Vergänglichkeit aller Erscheinungsform und die Auflösung der dualistischen Betrachtungsweise. Sie zeigt den Zerstörungsprozeß als Basis für jede Schöpfung und veranschaulicht den kontinuierlichen Fluß der Wandlung als die Einheit in allen Dingen.

In der Achtsamkeit auf den kontinuierlich sich wandelnden Fluß des Atems nähern wir uns ihrer Weisheit.

Astrologisch steht Kali in Verbindung mit der begrenzenden und zeitlichen Qualität von Saturn. Saturn repräsentiert das verfestigende kosmische Prinzip und entspricht der Tendenz, an Dingen festzuhalten. In seiner unbeweglichen und starren Eigenart erinnert das Prinzip an die feste Struktur und Begrenzung von Materie und die Macht von Zeit und Tod in dieser Welt. Im positiven Sinne entspricht diese Qualität der Geduld, an etwas zu arbeiten, sowie der Kraft, die uns befähigt, Dinge zu vollenden.

Die Weisheit der Göttin in ihrer Form als Kali zeigt den Weg, die Tendenz, an Dingen festzuhalten, und die starre Struktur dieser Kraft zu nutzen, um die damit verbundenen Ängste von Verlust und Tod zu überwinden. Sie veranschaulicht das Festhalten an der unvergänglichen Basis in der Konzentration auf den unaufhörlichen Wandel.

Das Kali-Yantra steht in dem quadratischen Raum der Farbe der Nacht. In der komplementären Entsprechung erscheint dieser als warmes orangefarbenes Licht. Orange ist die Farbe der Akzeptanz und hilft bei Depression. Als höchste Schöpfungsenergie ist Kali die Ursache der Natur, *Prakriti,* die hier durch den Blütenkreis dargestellt wird. Die acht Blütenblätter repräsentieren die acht Elemente von Prakriti, aus denen sich die Erscheinungswelt zusammensetzt. Die äußeren Elemente sind: Erde, Wasser, Feuer, Luft und Äther. Die drei inneren Elemente sind: Geist, Intellekt und Ego. Die achtblättrige Blüte umschließt drei konzentrische Ringe, welche die drei Zeiträume von Vergangenheit, Gegenwart und Zukunft repräsentieren und wiederum fünf Dreiecke umschließen. Diese stehen für die fünf Wahrnehmungs-

organe *(Jnanendriyas)*, die fünf Handlungsorgane *(Karmendriyas)* und die fünf Winde im Körper *(Pranas)*.
Der zentrale Punkt, *Bindu*, ist die Göttin selbst in ihrer Vereinigung mit Shiva.

Tara

Tara verkörpert die Kraft des geistigen Strebens und ist eine nach oben gerichtete Energie. Sie ist der Stern, das wegweisende innere Licht. Sie entspricht dem leitenden Wort, dem Ursprung der Willenskraft, welche die Wogen der Gedanken beherrscht und dadurch sicher über den See des Geistes geleitet. Wir nähern uns ihrer Qualität durch die Achtsamkeit auf den Klang.
Astrologisch wird Tara mit dem Prinzip von Jupiter assoziiert. Saturn und Jupiter werden in ihrer Qualität als große Lehrer betrachtet. Die erste Kraft lehrt durch Begrenzung und Härte, lehrt aber auch, Begrenzung zu überwinden und loszulassen. Sie fordert Arbeit und Anstrengung. Die zweite Kraft wirkt öffnend. Um nicht in der Vielfalt der sich eröffnenden Möglichkeiten verlorenzugehen, fordert sie Orientierung und Zielsetzung.
Das Tara-Yantra zeigt ein rotes, mit der Spitze nach oben gerichtetes Dreieck. Dieses steht symbolisch für die nach oben gerich-

tete Energie, die über das Reich der materiellen Belange und der egoistischen Motivationen hinausgeht. Die komplementäre Entsprechung der aktiven Farbe Rot ist Grün, die Farbe des Ausgleichs und der Harmonie. Dies weist auf Taras Aktivität für den Frieden und das Gleichgewicht hin.
Das Dreieck steht in einem violetten Raum, der Farbe von *Akasha,* Raum oder Äther. Diesem Element wird der Klang zugeordnet, und es steht in Beziehung zum Kehlchakra. Dies weist auf Taras Aktivität im Bereich der Sprache hin.
Die Blütenblätter repräsentieren die acht Elemente der Natur, *Prakriti.* Der umgebende Raum ist grün und wirkt in seiner komplementären Entsprechung im Wechselspiel mit dem zentralen roten Dreieck.

Tripura Sundari

Tripura Sundari ist die Herrscherin in den drei Welten und repräsentiert die bewußte Wahrnehmung auf drei Ebenen. In ihrer Vereinigung mit Shiva stellt sie den Höhepunkt der Schöpfung dar – die Einheit. Wir nähern uns ihrer Qualität durch das bewußte Sein und das Erkennen dieser Einheit in der Schönheit der Natur.

In der Astrologie steht sie in Verbindung mit dem Prinzip von Merkur. Merkur bezeichnet mentale Aktivität und repräsentiert das Verbindende: Verstehen, Kommunikation und Austausch.
Das Shri-Yantra gilt als das Gefäß der Göttin Tripura Sundari. Aber auch der zentrale Aspekt, das *Navayoni-Yantra,* entspricht ihrer Macht der Vollkommenheit als die Blüte des Universums in den neun Mutterschößen der Göttin *(Navayoni).*
Die hier dargestellte Form des Yantra zeigt zwei nicht gleichseitige Dreiecke, die durch ihr Ineinanderschwingen eine vertikale Orientierung, eine Verbindung von oben und unten vermitteln. Diese Richtungsbetonung wird verstärkt durch das phallische Symbol des *Lingam,* der auch an die Form eines Torbogens erinnert und auf den zentralen goldenen Punkt als Sitz der Göttin weist. Dieses Symbol erinnert auch an den Sitz der Göttin im Körper, der sich am Scheitelpunkt des Kopfes befindet.
Der schwarze Raum, in dem die sich vereinigenden Dreiecke stehen, zeigt in seiner Betrachtung die komplementäre Entsprechung von hellem Gelb, die Farbe der leuchtenden Kraft des Bewußtseins. Dieser Raum ist von drei konzentrischen Ringen umgeben. Sie repräsentieren die drei Bewußtseinsebenen von Wachzustand, Traum und Tiefschlaf und die drei Kräfte von Willen, Wissen und Handlung.
Diese Ringe befinden sich innerhalb eines Blütenkreises aus vierundzwanzig Blütenblättern. Die Zahl Zwölf steht für die Strahlung der Sonne und weist durch die Verdoppelung auf die reflektierende Strahlung des vollen Mondes hin.
Der umgebende quadratische Raum ist dunkelgrün, die Farbe von Saturn, und zeigt in seiner komplementären Entsprechung Rot. Die aktive Farbe verleiht die Kraft, die Wurzeln der Angst zu besiegen.

Bhuvaneshvari

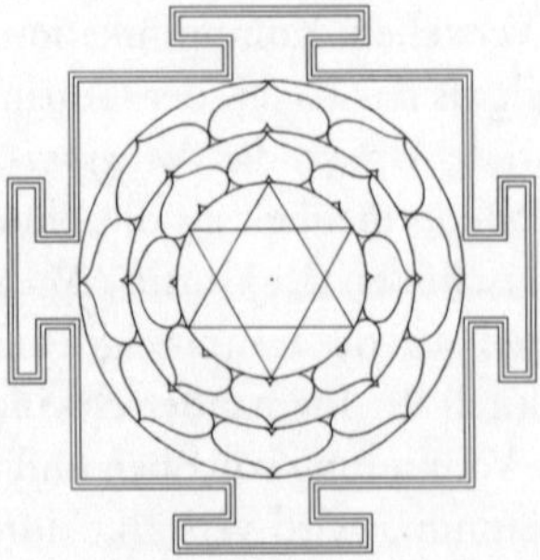

Bhuvaneshvari erhellt mit ihrem Glanz das gesamte Universum. Sie ist die Herrscherin über den Raum, der die Erscheinungswelt trägt und mit seiner Kraft die Existenz unterstützt. Unsere Wahrnehmung von Raum wird durch das Bewußtsein bedingt. Wir nähern uns der Qualität von Bhuvaneshvari durch die Ausdehnung unserer Wahrnehmung und durch die Erweiterung unseres Bewußtseinsraumes.

Astrologisch entspricht das Prinzip des Mondes der Qualität dieser Göttin. Die reflektierende Eigenschaft des Mondes erinnert an die Wahrnehmung; in seinen Phasen zeigt er die verschiedenen Horizonte der Wahrnehmung und die Grenze zwischen den bewußten und unbewußten Bereichen der Persönlichkeit.

Das Bhuvaneshvari-Yantra befindet sich in einem gelben quadratischen Raum. Gelb ist die Farbe des Wissens und zeigt in seiner komplementären Entsprechung Violett, die Farbe von *Akasha.* Diese Farbe führt in den Raum tiefer Meditation und Achtsamkeit.

In diesem Raum befinden sich zwei Blütenkreise mit jeweils acht Blütenblättern. Der erste Kreis repräsentiert die duale Eigenschaft der Erfahrung (das Verständnis von richtig und falsch, würdig und unwürdig, herrschen und beherrscht werden, sich binden und loslösen usw.). Der zweite Kreis entspricht den acht Elementen von *Prakriti.*

Die Blüten öffnen sich zu einem weißen Kreis, dem Symbol des Elementes Äther. Weiß umfaßt alle Farben. So wie der Raum die Erscheinungswelt trägt, ist in Weiß das gesamte Spektrum enthalten. Das zentrale Symbol bilden zwei sich vereinigende Dreiecke in Violett. Die komplementäre Entsprechung hierzu ist die Farbe Gelb. Das Yantra der Göttin Bhuvaneshvari ist auf dem Wechselspiel von Violett und Gelb aufgebaut und veranschaulicht damit ihre Kraft und Aktivität im Bewußtseinsraum.

Bhairavi

Die Göttin in ihrer Form als Bhairavi entspricht dem Element Feuer. In uns repräsentiert sie die innere Kraft, Hindernisse aus dem Weg zu räumen, und die Willensstärke, die uns voranbringt. Sie erinnert an die kämpferische Durchsetzungskraft der Göttin Durga. Bei den Entsprechungen der Himmelsrichtungen befindet sich Kali vor uns, Tara steht als Licht über uns, und Bhairavi bildet die Basis. Sie ist die Kraft, die aus *Tapas,* der Disziplinierung und dem Opfer hervorgeht. Dadurch wird auch ihre Verehrung und die Annäherung an ihre Qualität bestimmt. Die höchste Form von Tapas ist die Disziplinierung der Gedanken.

Astrologisch entspricht Bhairavi der Qualität des Aszendenten, dem aufsteigenden Zeichen oder Punkt bei Sonnenaufgang. Dieser veranschaulicht, auf welche Weise wir durch das Leben gehen. Bhairavi zeigt die Kraft der Disziplinierung zur inneren Stärkung des Willens. Sie hilft uns dabei, uns durchzusetzen, uns zu entwickeln und zu entfalten.

Ihr Yantra zeigt einen achtblättrigen Blütenkreis, der die fünf äußeren und die drei inneren Elemente von *Prakriti* repräsentiert. Das leuchtende Rot der Blütenblätter weist auf ihre aktive und feurige Natur hin und steht im komplementären Kontrast zu dem dunklen Grün des quadratisch umgebenden Raumes.

Innerhalb dieser Blüte befinden sich neun nach unten gerichtete Dreiecke. Sie versinnbildlichen die neun Basisenergien oder Hauptnadis und stehen in Beziehung zu den neun Formen der Göttin Durga, den neun Mutterschößen *(Navayoni).* Der violette Hintergrund dieser Dreiecke weist auf die Beziehung zum Kehlchakra hin und verdeutlicht die durch Bhairavi verkörperte Kraft des Wortes.

Chinnamasta

Chinnamasta verkörpert die loslösende Kraft, die reine, von den Sinnen ungetrübte Vision. Sie wird als in helles, sie tarnendes

Licht gekleidet beschrieben und mit der Erscheinung eines Blitzes verglichen. Wir nähern uns ihrer Qualität durch die Achtsamkeit auf das Licht, in dem die Dinge sichtbar werden.
Astrologisch findet sie ihre Entsprechung in der Qualität von *Rahu,* dem aufsteigenden Mondknoten. Rahu wird in Verbindung mit unerfüllten Wünschen und Verlangen gesehen. Auf diese Weise beeinflußt er unbewußt die Wahrnehmung. Er steht für die Illusion und ist damit eine mächtige geistige Projektionskraft, die kreativ genutzt werden kann. Diesen Weg zeigt Chinnamasta.
Ihr Yantra ist schwarz. So wie Weiß alle Farben des Spektrums enthält, symbolisiert Schwarz die Leerheit und reinigt den Geist. In der komplementären Entsprechung zeigt es sich als helles Licht. Der achtblättrige Blütenkreis repräsentiert die fünf äußeren und die drei inneren Sinne. Innerhalb der Blüte befindet sich ein mit der Spitze nach unten gerichtetes Dreieck. Es stellt *Prakriti,* die ursprüngliche Natur, dar. Ihre drei Grundeigenschaften, die *Gunas,* werden hier durch drei konzentrische Kreise dargestellt. Das kleine Dreieck, das von ihnen umgeben wird, steht für die dreifache weibliche Kraft hinter Prakriti.
Der zentrale Punkt repräsentiert Chinnamasta in ihrer Vereinigung mit Shiva.

Dhumavati

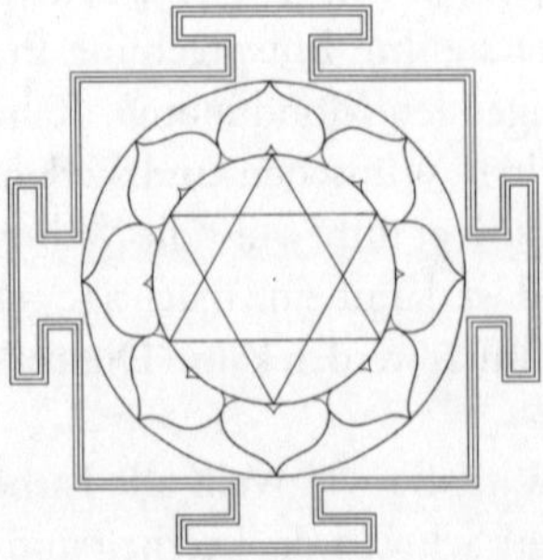

Dhumavati ist die Personifikation der endgültigen Vernichtung, die Reduzierung der Welt zu Rauch und Asche. Sie verkörpert die Zeit der Nacht und zeigt sich in Form von Leid und Mißerfolg. Wie es heißt, trennt sie den Samen von der Spreu. So zeigt sie die Phase der Nacht als eine Zeit des Aufnehmens und Verarbeitens der Erlebnisse des Tages und lehrt uns, Leid und Mißerfolg als Lehrer und Freund zu betrachten. Wir nähern uns ihrer Qualität in der Meditation über die Leerheit und die Achtsamkeit auf den Hintergrund, vor dem die Dinge in Erscheinung treten.

In der Astrologie wird Dhumavati mit den Eigenschaften von *Ketu,* dem absteigenden Mondknoten, in Verbindung gesehen. Ketu zeigt die Illusion unserer Ängste und repräsentiert die angesammelten Bindungen und Anhaftungen, die uns von positiven Handlungen und Veränderungen zurückhalten. Durch das Erkennen des Todes und der Zeit des Stillstandes als transformierende und kreative Macht gibt sie die Kraft zur Erneuerung und führt hinter diesen Schatten.

Das Dhumavati-Yantra befindet sich in einem quadratischen Raum in der Farbe von Rauch. Diese Farbe aus der Mischung von Violett, Grün und Blau steht für Haß und zeigt in der Betrachtung die komplementäre Entsprechung von hellem Rot. Diese Farbe stärkt die Urinstinkte und beseitigt die durch diese Emotion hervorgerufenen Hindernisse. Der achtblättrige Blütenkreis repräsentiert die Elemente von *Prakriti* vor der Entstehung.

Bagalamukhi

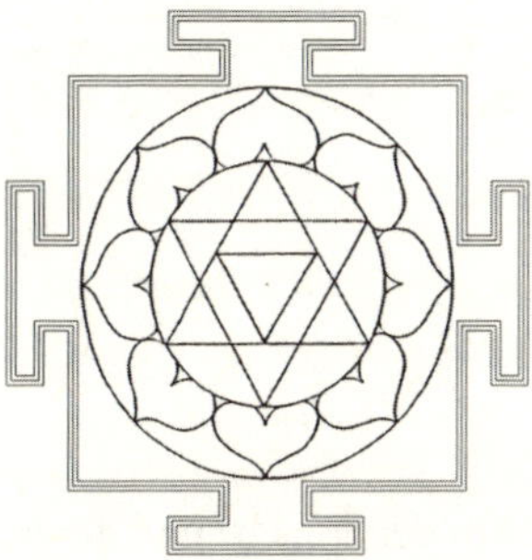

Die Göttin in ihrer Form als Bagalamukhi verkörpert die kontrollierende Kraft mit der Macht, alles in sein Gegenteil umzukehren und jede Bewegung zum Stillstand zu bringen. Sie ist der zentrale Punkt in jeder Aktivität, der Ruhepunkt zwischen den Gegensätzen, das Symbol der höchsten Konzentration und Selbstkontrolle. Wir nähern uns dieser Kraft durch die Kultivierung des Willens und die Konzentration auf das Eine, Zentrale, die Mitte.
In der Astrologie steht Bagalamukhi mit der Qualität von Mars in Verbindung. Sie erinnert an die Nutzung dieser zielgerichteten Energie, indem wir sie nicht auf Objekte der vergänglichen Erscheinungswelt richten, sondern versuchen, den zentralen Ursprung dieser transformierenden Kraft zu erfahren.

Das Bagalamukhi-Yantra ist aus den Farben Rot und Gelb aufgebaut. Gelb ist die Farbe der Göttin und ein Symbol der Mitte. Rot ist die Farbe der Aktivität und Transformation. Das zentrale Dreieck zeigt ihre Handlungskraft.

Matangi

Matangi ist die Göttin der Sprache und des Ausdrucks. Sie symbolisiert den Ausdruck von Wahrheit und Rechtsprechung. Sie repräsentiert auch die Macht der Beherrschung und zeigt damit die Fähigkeit zur Hingabe und die Ekstase im kreativen Selbstausdruck. Wir nähern uns ihrer Qualität im Studium der heiligen Schriften, aber auch in der Verwirklichung des eigenen kreativen Potentials. Es heißt, wer ihre Kraft erweckt, vertreibt Disharmonie und erreicht Harmonie im Leben.
Astrologisch steht Matangi in Verbindung mit der Qualität der Sonne. Die Sonne symbolisiert das Selbst. Auf der materiellen Ebene entspricht sie dem Selbstbild, der Identität. Aus tantrischer Sicht ist die wahre Identität Bewußtsein und hat nichts mit Vorstellungen zu tun, mit denen man sich identifiziert. Wie auch immer diese beschaffen sein mögen, sie entsprechen der Dunkelheit. Das wahre Wesen und das wirkliche Sein ist Licht. Tantra

sieht das wahre Licht im Inneren, denn jedes äußere Licht, das wir reflektieren, schafft Dunkelheit in uns.
Das Matangi-Yantra zeigt einen dunkelgrünen Raum, in dem sich der achtfache Blütenkreis mit den Elementen von *Prakriti* entfaltet. Innerhalb dieses Kreises befinden sich zwei gleichseitige, entgegengesetzt gerichtete Dreiecke, die sich in einer Mischung aus Gelb und Grün vereinigen.
Der zentrale Punkt repräsentiert die Göttin Matangi in ihrer Einheit mit Shiva.

Kamala

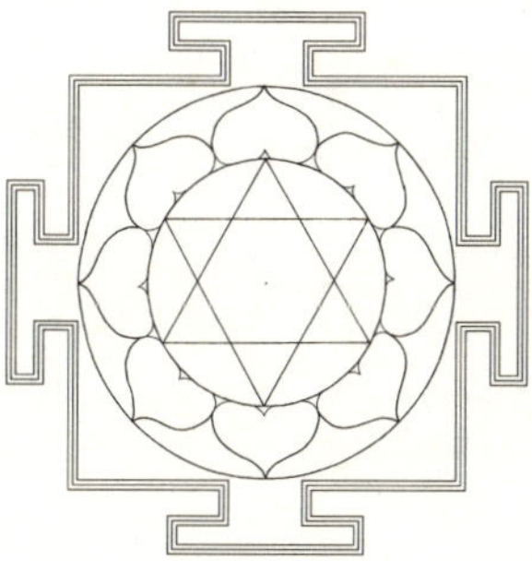

Kamala, die aus dem Wasser Geborene oder die Lotosgöttin, stellt die Lebenskraft dar, die das Universum durchströmt, und repräsentiert alles Schöne und Wünschenswerte. Sie zeigt den Zustand der wiederhergestellten Einheit. Sie entspricht der Entfaltung von Mitgefühl, Liebe und Licht. Wir nähern uns ihrer Qualität durch das Erkennen der Schönheit in all ihren Formen und der zugrundeliegenden Einheit.
Astrologisch steht Kamala in Beziehung zu Venus, dem Prinzip der Harmonie im Geben und Nehmen. Venus repräsentiert unsere Fähigkeit, Liebe und Schönheit zu projizieren. Kamala er-

innert aber auch daran, daß Glück und Schönheit in der Welt der Erscheinungsformen vergänglich sind. Sie beschreibt die Schönheit der inneren Einheit, die in allem verborgen liegt.
Das Kamala-Yantra zeigt den Blütenkreis der achtfachen Natur von *Prakriti,* in dem sich zwei entgegengesetzt gerichtete Dreiecke vereinen. Die Dreiecke sind goldgelb und erinnern an die goldene Farbe von Kamala.

Das Shri-Yantra

Das Shri-Yantra ist das bekannteste aller Yantras und kann zur Verehrung aller Weisheitsformen der Göttin *(Mahavidyas)* genutzt werden. Es ist ein Symbol für die Entstehung des Universums (Makrokosmos) und des menschlichen Körpers (Mikrokosmos). Tantra assoziiert den Körper mit der äußeren Manifestation des Kosmos und sieht das Selbst als eins mit der göttlichen Kraft, die sich im Universum darstellt.

In der geometrischen Struktur des Shri-Yantra spiegelt sich diese Einheit von Mikrokosmos und Makrokosmos wider. Die Göttin des Yantra, Tripura Sundari („die Schönheit der drei Welten"), repräsentiert Shakti in ihrer Vereinigung mit Shiva. Sie wird auch Lalita („sie, die spielt") oder Sodashi („sechzehn") genannt.

Die Betrachtung des Yantra von innen nach außen zeigt die Schöpfung und die Entfaltung des Universums. Die umgekehrte Betrachtung des Yantra von außen nach innen enthüllt die andere Seite – den Prozeß der Auflösung.

Das Zentrum des Yantra zeigt die Göttin in ihrer Form als *Kamakala (Kala* – „Strahl"; *Kama* – „Verlangen" = „die Strahlen des Verlangens"). Sie ist von dreifacher Natur und wird durch eine dreifache Beschreibung des zentralen *Bindu* dargestellt.

Das *Kamakalavilasa*[*16] beschreibt die väterliche Schöpfungsenergie als weißen Bindu. Er steht für das männliche Potential, den Samen. Das weibliche Potential wird als roter Bindu beschrieben und symbolisiert die mütterliche Qualität, die Eizelle. Der dritte Bindu repräsentiert die beiden Qualitäten, Shiva und Shakti, in ihrer Vereinigung als Bewußtsein und Energie. Er wird als vielfarbig oder golden beschrieben.

Die ursprüngliche Shakti ist wie ein klarer Spiegel, in dem sich die leuchtende Form Shivas enthüllt. Ihre dreifache Natur wird

auch beschrieben als Wille, Wissen und Handlung *(Iccha, Jnana* und *Kriya),* als Intellekt, Gefühl und physische Empfindung oder als Sonne, Mond und Feuer.
Insgesamt ist das Shri-Yantra aus neun Ringen aufgebaut. Diese neun Mandalas sind modifizierte Formen der drei genannten Energien. Ähnlich wie sich der menschliche Körper in neun Mondzyklen aus der befruchteten Eizelle entwickelt, so schließen sich diese Mandalas als konzentrische Ringe um den Bindu und bilden das Yantra.

Durch die Anordnung dieser Ringe wird *Kamakala-vidya* oder „die Weisheit der Strahlen des Verlangens“ versinnbildlicht:

- Das äußere Mandala zeigt das Erdquadrat mit den Eingangstoren. Es ist aus drei Schichten aufgebaut und wird als das Rad, das die drei Welten regiert, beschrieben (in seiner Natur entspricht es der Qualität Feuer von Feuer).
- Der Kreis aus sechzehn Blütenblättern beschreibt das Mandala der Erfüllung des Verlangens (Sonne von Feuer).
- Der Kreis aus acht Blütenblättern wird als das alles regierende Rad beschrieben (Mond von Feuer).
- Innerhalb dieser Blütenkreise befindet sich ein Ring aus vierzehn Dreiecken. Die vierzehn Shaktis dieses Mandala werden mit den Hauptnadis assoziiert und bilden das Rad des Glücks (Feuer von Sonne).
- Der nächste Ring aus zehn Dreiecken repräsentiert die Kräfte der zehn vitalen Formen des Atems und wird beschrieben als das Mandala, das dem Praktizierenden alle Objekte bereitstellt (Sonne von Sonne).
- Der innere Kreis aus zehn Dreiecken repräsentiert die zehn vitalen Feuer und bildet das beschützende Rad (Mond von Sonne)
- Der Ring aus acht Dreiecken repräsentiert die Göttin in ihrer Kraft als Zerstörerin aller Gifte und wird als das Rad,

das alle Krankheiten besiegt, beschrieben (Feuer von Mond).

Zwischen diesem Kreis und dem Dreieck im inneren Zentrum befinden sich die vier Attribute der Göttin: der Bogen aus Zuckerrohr, Blumenpfeile, Schlinge und Stachelstock.

- Das innere Dreieck zeigt die dreifache Natur des zentralen Aspekts. Es symbolisiert Rudra-Shakti (weiß), Vishnu-Shakti (rot) und Brahma-Shakti (in der Farbe von geschmolzenen Gold). In seiner Natur entspricht es der Qualität Sonne von Mond.
- Der Bindu, das Zentrum des Yantra, bildet das Mandala des reinen Segens (Mond von Mond).

Die Blütenkreise des Shri-Yantra sind von einem Ring umgeben. Dieser wird als die Reflexion der Strahlen des Bindu beschrieben und kann als Kreis aus zwei oder drei Linien dargestellt werden. Die Aussage ist jedoch identisch.
Die Darstellungsform aus drei Linien wirkt in der Betrachtung durch die sich ergebenden Zwischenräume wie zwei Kreise. Diese Struktur veranschaulicht die duale Erscheinungsform der dreifachen Natur in ihrer Einheit. Der Ring aus zwei Linien wirkt optisch wie die Umrandung eines Kreises. Er versinnbildlicht die Dualität in ihrer Einheit durch ein verbindendes Drittes. Durch die Struktur beider Darstellungsformen wird ein Umkreis gebildet. Folglich sind auch Darstellungen zu finden, bei denen nur eine Linie gezeichnet ist.
Auch aufgrund der farblichen Gestaltung existieren verschiedene Versionen, die auf der unterschiedlichen Betrachtungsweise des Einen beruhen. Die bei dieser Meditationskarte verwendete Farbgestaltung bezieht sich auf die farbliche Beschreibung des Bindu. Dabei ist die in der Karte des Elementes Wasser – repräsentiert durch den Mond – beschriebene Verwandtschaft von Weiß und Blau zu beachten.

Aus dem roten Bindu geht der Keim des Klanges *(Nada)* hervor, aus dem sich die Elemente entwickeln. Der weiße Bindu umschließt und enthält alles. Er wird als das kosmische Ei bezeichnet. So wie beide Bindus nicht getrennt voneinander zu sehen sind, so ist auch die Klangform der Buchstaben und ihre Bedeutung eng miteinander verbunden. Das Alphabet bildet die Wurzel, aus der sich die Namen für alles in der Welt bilden.

In der Struktur des Shri-Yantra ist somit auch der Aufbau des Alphabets zu erkennen. Es heißt, das Yantra sei wirkungslos, solange es nicht mit den entsprechenden Klangsilben versehen und durch den Atem, das heißt, die Rezitation mit Leben erfüllt wird.

In den vier Eingangstoren befinden sich die Klangsymbole der Wächter der vier Himmelsrichtungen: Indra, Varuna, Yama und Kubera. In den vier Ecken werden Tantra, Mantra, Yantra und die Kraft des Atems dargestellt.

Der Kreis aus sechzehn Blütenblättern steht symbolisch für die sechzehn Vokale und der Kreis aus acht Blütenblättern für die acht Buchstabengruppen der Konsonanten. Bei genauerer Betrachtung befinden sich die einzelnen Buchstaben auf den Dreiecken der Darstellung innerhalb der Blütenkreise, als sich entfaltende Ausstrahlung des zentralen Punktes. Dieses Zentrum repräsentiert die transzendente Majestät von *Lalita Maheshvari Mahatripura Sundari.* Sie stellt das strahlende Bewußtsein auf dem höchsten Punkt des Körpers dar und wird als leuchtende volle Mondscheibe beschrieben.

So wie der Mond immer gleich bleibt, aber je nach Phase unterschiedlich erscheint, so ist auch *Lalita,* das Spiel der Göttin, zu verstehen. Die fünfzehn Phasen des zunehmenden Mondes werden durch fünfzehn *Nityas* repräsentiert. Lalita selbst oder Sodashi ist die sechzehnte, der volle Mond. Die fünfzehn Nityas der Göttin Lalita werden im nächsten Abschnitt beschrieben (siehe Seite 212 ff.).

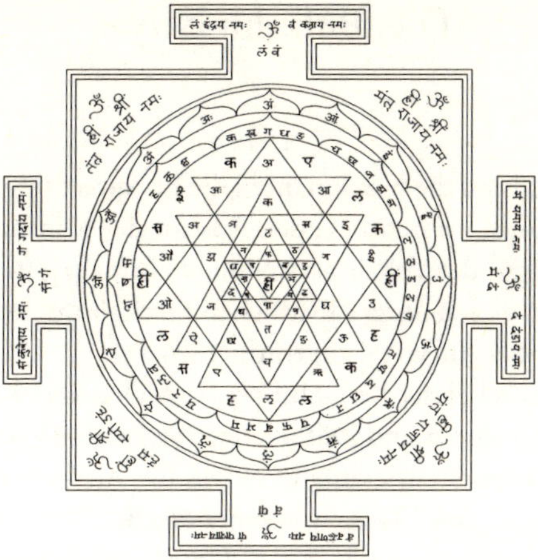

Diese Abbildung veranschaulicht die Entstehung der Buchstaben als Ausstrahlung des zentralen Punktes sowie die Anordnung der Konsonanten und Vokale auf den Blütenkreisen. Zwischen den Blütenkreisen und dem inneren Diagramm befinden sich die Klangsilben des Mantra der Göttin. Das letzte „Hrīm“ steht im Zentrum. Das Alphabet kann als eine Girlande aus Buchstaben betrachtet werden, welche die Göttin um den Hals trägt. Wie zuvor schon erwähnt, sind Mantra und Yantra eng miteinander verbunden. Durch die Rezitation des Mantra im Rhythmus unseres Atems wird das Yantra mit Leben erfüllt. Die sich nach den Nitya-Yantras anschließende Beschreibung der letzten beiden Yantras von Durga und Shiva veranschaulicht das Zusammenspiel von Mantra und Yantra, die Rhythmik der Silben in ihrer Beziehung zur Geometrie.

Die fünfzehn Nityas

Im Alphabet sind die Konsonanten die Entsprechung des männlichen Prinzips, während die den Auslaut der Konsonanten verändernde Kraft der Vokale als weibliches Prinzip gilt. Die Nityas entsprechen diesen unterschiedlichen Erscheinungsformen, wobei jeder Nitya ein Vokal zugeordnet wird.

Wie wir schon bei der Betrachtung der Mahavidya Kali gesehen haben, stehen Atem und Zeit in enger Verbindung miteinander. Gemeinsam repräsentieren alle Nityas die Atemzüge des Menschen während eines Tages und einer Nacht

Der Kreis der Nityas bildet das *Kalachakra,* das „Rad der Zeit". Die fünfzehn Phasen des abnehmenden Mondes werden mit den Strahlen der Göttin in ihrer Form als Kali assoziiert und als *Kali-Nityas* bezeichnet. Das Kali-Yantra zeigt fünf konzentrisch angeordnete Dreiecke, an deren Spitzen sich ihre Nityas befinden.

Die fünfzehn Phasen des Mondes werden als Kombinationen aus den drei Gunas mit den fünf Elementen betrachtet. Während die Nityas der Göttin Lalita leuchtend und positiv sind, repräsentieren die Kali-Nityas das Dunkle und sind in ihrer Natur negativ. Sie zeigen die andere Seite, so wie jeder Atemzug aus einer Phase des Einatmens und des Ausatmens besteht. In der Welt der Erscheinungsformen herrscht das Gesetz der Dualität, und alles, was im Licht der Betrachtung erscheint, hat auch seine Schattenseite. Die jeweilige Erscheinungsform hängt von unserer Betrachtungsweise ab. Wir können dasjenige sehen, was genährt wird, oder das, was verzehrt wird. Schöpfung und Zerstörung sind untrennbar miteinander verbunden und in ihrer Erscheinungsform durch die Art und Weise unserer „Reflexion" bedingt.

Die hier dargestellten – der Göttin Lalita zugehörigen – Nityas korrespondieren mit den Phasen des zunehmenden Mondes. Sie verkörpern jene Aspekte des Daseins, die zur ursprünglichen Kraftquelle der Freude führen und sind Ausdruck der lebensbejahenden Kräfte. Als Teilaspekte des Vollkommenen vereinen sie alle gütigen Kräfte des Göttlichen und werden als wunscherfüllende Energien angesehen. Je nachdem, welches Ziel mit ihrer Hilfe erreicht werden soll, können sie in verschiedenen Formen und Farben verehrt werden. Jede hat ihr eigenes Ritual an dem für sie entsprechenden Mondtag.

Die Nityas dienen zur Beschreibung des äußeren Blütenkreises des Shri-Yantra. Jede beschreibt ein Blütenblatt. Die folgende Beschreibung gibt einen Einblick in die Meditationsformen der einzelnen Nityas:

Kameshvari-Nitya

Kameshvari ist die Herrin des Verlangens. Ihr Körper wird von roter Farbe und mit dem leuchtenden Glanz von zehn Millionen Sonnenaufgängen beschrieben. Sie ist mit Ringen, Hals- und Hüftketten geschmückt. Sie trägt eine Mondsichel und lächelt sanft. Sie hat drei Augen und sechs Arme. In ihren Händen hält sie einen Bogen aus Zuckerrohr, Blumenpfeile, eine Schlinge, einen Stachelstock, eine mit Nektar gefüllte und mit Edelsteinen verzierte Schale, und mit einer Hand gewährt sie Segen. Die fünf Pfeile des Verlangens, die sie mit dem Bogen als Symbol des einsgerichteten Geistes kontrolliert, stehen in Beziehung zu den fünf Elementen und entsprechen den fünf Blütenblättern in ihrem Yantra. Kameshvari gilt als wunscherfüllend. Ihr entspricht der Vokal अं (am).

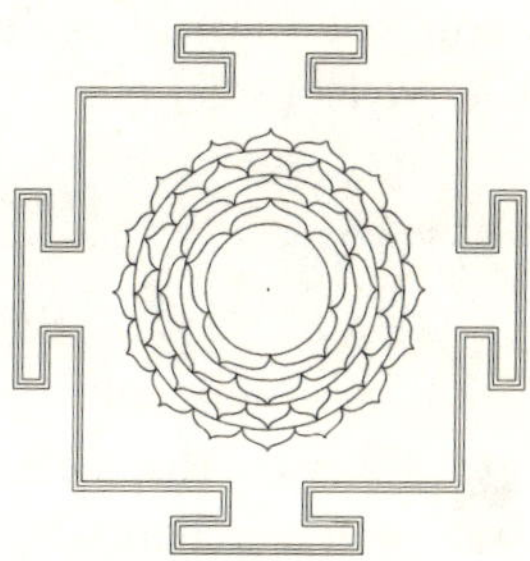

Bhagamalini-Nitya

Bhagamalini verkörpert das Erblühen. Sie sitzt in einer Lotosblüte und hat sechs Arme. In ihren Händen zur Linken hält sie eine Wasserlilie, eine Schlinge und einen Bogen aus Zuckerrohr. Rechts hält sie einen Lotos, einen Stachelstock und Blumenpfeile. Sie soll Zauberkräfte verleihen und Ansporn geben. Ihr entspricht der Vokal आं (ām).

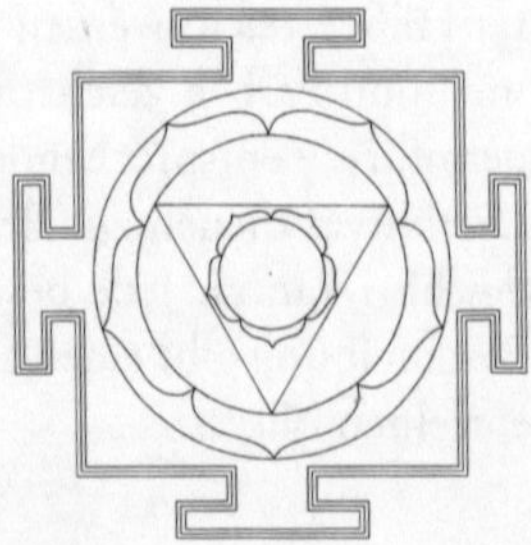

Nityaklinna-Nitya

Nityaklinna wird als die immer feuchte Nitya und rastlos vor Verlangen beschrieben. Sie lächelt, ist rot gekleidet und trägt eine Mondsichel im Haar. In ihren Händen hält sie eine Schlinge, einen Stachelstock, eine Schädelschale, und durch ihre Geste vertreibt sie Furcht. Sie schenkt Glück, Freude und Freiheit und verleiht übernatürliche Kräfte. Der ihr zugeordnete Vokal ist इं (im).

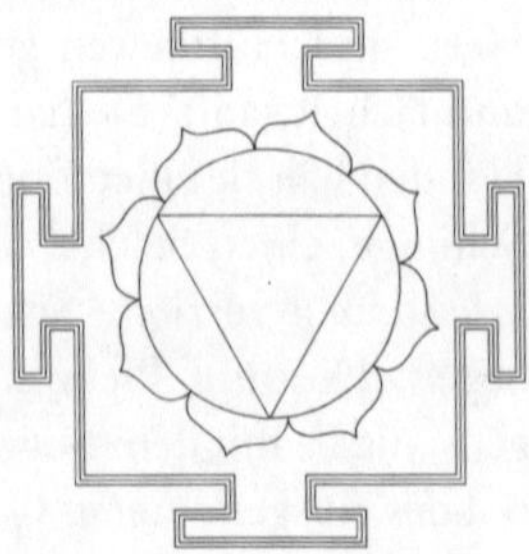

Bherunda-Nitya

Bherunda hat die Farbe von geschmolzenem Gold und trägt wunderschönen Schmuck an den Händen, Füßen und um die Hüfte. Sie lächelt, hat drei Augen und acht Arme. In ihren Händen hält sie eine Schlinge, einen Stachelstock, ein Schwert, einen Schild, einen Stab, einen Vajra, Pfeile und Bogen. Ihre Verwirklichung befreit von schädlichen Einflüssen. Ihr entspricht der Vokal ईं (īm).

Vahnivasini-Nitya

Vahnivasini wird als schöne junge Frau beschrieben. Ihr Körper ist von goldener Farbe. Sie ist in gelbe Seide gekleidet und mit Rubinen geschmückt. In ihren vier Händen zur Linken hält sie einen roten Lotos, ein Muschelhorn, einen Bogen aus rotem Zuckerrohr und den vollen Mond. In ihren vier Händen zur Rechten hält sie eine weiße Wasserlilie, ein goldenes Horn, Blumenpfeile und eine Zitrone. Sie wohnt im Feuer und ist die verschlingende Kraft im Universum. Ihre Gabe ist die Beherrschung der Kräfte der Natur (in den drei Welten). Ihr entspricht der Vokal उं (um).

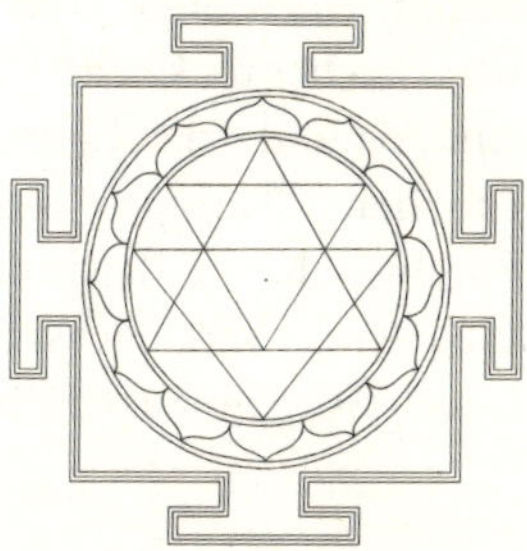

Mahavareshvari-Nitya

Mahavareshvari ist von roter Farbe und auch in Rot gekleidet, trägt rote Juwelen und ist mit roten Blüten bestreut. Sie thront in einem goldenen Boot und gleitet darin über einen Ozean aus Blut. Sie zeigt ein gnädiges Lächeln. Sie hat drei Augen und vier Arme. In ihren Händen hält sie eine Schlinge, einen Stachelstock, einen Bogen aus Zukkerrohr und Blumenpfeile. Sie gilt als die Verkörperung von Mitgefühl und vernichtet Grausamkeit. Ihr Vokal ist ऊं (ūm).

Duti-Nitya

Shiva ist ihr Botschafter, und aus diesem Grund wird sie auch „Shivaduti-Nitya" genannt. Sie leuchtet wie die Sonne am Mittag. Sie trägt rote Kleidung, und ihre Krone ist mit neun Juwelen verziert. Sie hat drei Augen und acht Arme. In ihren Händen hält sie ein Horn, einen Schild, einen Stab, eine Schale, einen Stachelstock, ein Hackmesser, eine Axt und einen Lotos. Als Retterin der Gläubigen vertreibt sie Furcht, schenkt Reichtum und die Objekte des Verlangens. Ihr wird der Vokal ॠं (ṝm) zugeordnet.

Tvarita-Nitya

Tvarita bedeutet „schnell". Diese Nitya garantiert schnelle Früchte. Ihr Gesicht gleicht einem Lotos, und sie lächelt freundlich. Sie ist von dunkler Farbe und in frische Blätter gekleidet. Acht feurige große Schlangen – jeweils zwei von vier verschiedenen Arten – schmücken sie. Auf ihrem Kopf trägt sie eine Kristallkrone und einen Schmuck aus Pfauenfedern. Um ihren Hals trägt sie Fäden aus roten Gunja-Beeren. Sie hat drei Augen und vier Arme In zwei Händen hält sie Schlinge und Stachelstock, mit den beiden anderen vertreibt sie Furcht und spendet Segen. Sie vergrößert das Lernvermögen, gewährt Schönheit und Ruhm. Ihr entspricht der Vokal ॠं (ṝm).

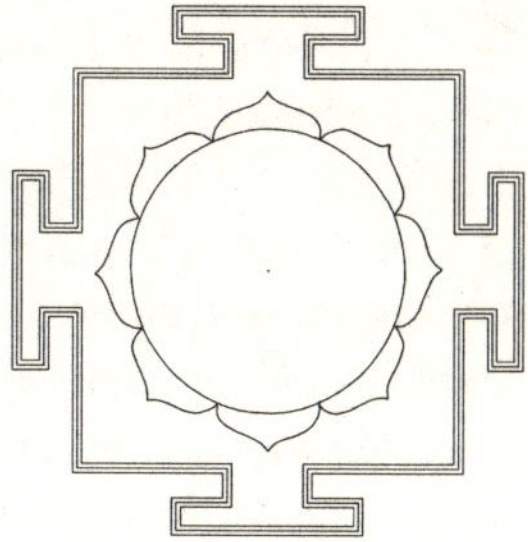

Kulasundari-Nitya

Sie wird mit sechs Gesichtern und zwölf Armen dargestellt. In den Händen zur Rechten hält sie eine Mala aus Koralle, einen Lotos, einen Krug, eine Schale, eine Limone, und mit einer Hand führt sie die Geste der Darstellung aus. In den Händen zur Linken hält sie ein Buch, einen roten Lotos, einen goldenen Stift, einen Kranz aus Edelsteinen, ein Muschelhorn, und mit einer Hand gewährt sie Segen. Sie verleiht Wissen und verkörpert die Einheit von Wissendem, Wissen und dem Gegenstand des Wissens. Ihr Vokal ist ॡं (lrm).

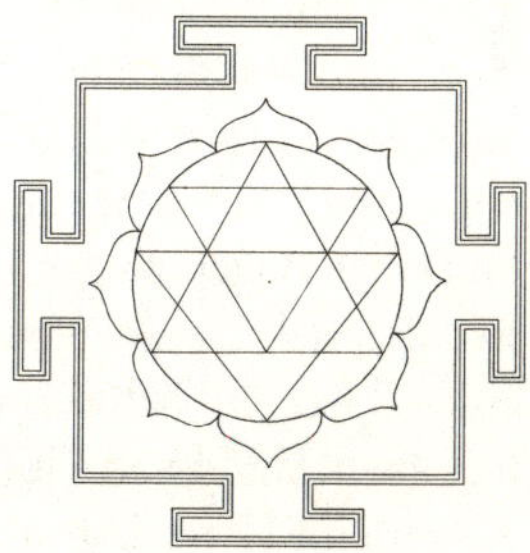

Nitya-Nitya

Nitya herrscht über die Shaktis der *Dhatus* im Körper (Fleisch, Fett, Knochen, Mark und Blut). Sie leuchtet wie die aufgehende Sonne, trägt rote Kleidung und Rubine. Sie hat drei Augen und zwölf Arme. In ihren Händen hält sie eine Schlinge, einen weißen Lotos, einen Bogen aus Zuckerrohr, einen Schild, einen Dreizack, einen Stachelstock, ein Buch, Blumenpfeile, ein Schwert, einen Schädel. Mit den Gesten der beiden letzten Hände vertreibt sie Furcht und erweist Gunst. Sie wird mit der Eigenschaft voller Güte beschrieben. Ihr Vokal ist ॡं (ḷrm).

Nilapataka-Nitya

Nilapataka ist von blauer Ausstrahlung, trägt rote Kleider und wunderschöne Edelsteine. Sie hat fünf Gesichter und zehn Arme. In den Händen zur Linken hält sie eine Schlinge, ein Banner, einen Schild, ein Horn und einen Bogen. In den Händen zur Rechten hält sie einen Stachelstock, einen Speer, ein Schwert und Pfeile; mit einer Hand vertreibt sie Angst. Sie verleiht Herrschaft über schädliche Kräfte in der Natur. Ihr entspricht der Vokal एं (em).

Vijaya-Nitya

Vijaya bedeutet „die Siegreiche“. Sie wird mit fünf Köpfen und zehn Armen beschrieben. In ihren Händen hält sie ein Muschelhorn, eine Schlinge, einen Schild, einen Bogen, eine weiße Lilie, einen Diskus, einen Stachelstock, Pfeile und eine Limone. Als Siegreiche steht sie für Erfolg und Wohlstand. Ihr Vokal ist ऐं (aim).

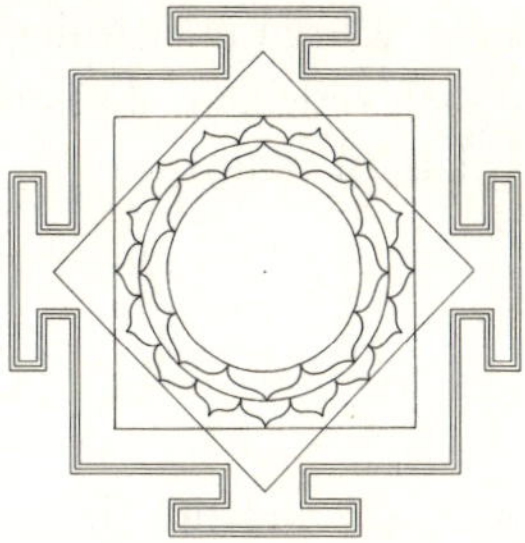

Sarvamangala-Nitya

Sarvamangala sitzt auf ihrem Lotos-Yantra und lächelt. Ihre Augen stehen für Sonne und Mond. Sie hat zwei Arme; rechts hält sie eine Zitrone, und die linke Hand führt die Geste aus, die Segen schenkt. Sie herrscht über die Strahlen von Sonne, Mond und Feuer und gilt als besonders glückverheißend und wohltätig. Ihr Vokal ist ओं (om).

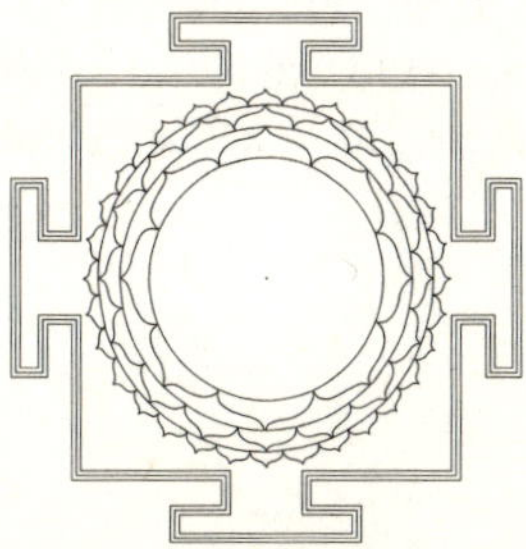

Jvalamalini-Nitya

Jvalamalini ist von einer Girlande aus Flammen umgeben und hat den Körper eines flammenden Feuers. Sie hat sechs Gesichter und zwölf Arme. Jedes Gesicht hat drei Augen. In ihren Händen hält sie eine Schlinge, einen Stachelstock, Pfeil, Stab, eine Schildkröte, einen Speer und eine Flamme. Durch ihre Gesten schenkt sie Segen und vertreibt Furcht. Sie kann Wissen über frühere Inkarnationen verleihen. Ihr entspricht der Vokal औं (aum).

Chitra-Nitya

Chitra heißt „bunt". Diese Nitya ist bunt dargestellt und trägt Seide in verschiedenen schillernden Farben. Sie hat vier Arme. In ihren Händen hält sie eine Schlinge und einen Stachelstock; mit den beiden anderen Händen schenkt sie Segen und vertreibt Furcht. Sie gewährt den Wunsch nach Objekten und Erfüllung durch diese. Ihr Vokal ist अं (am).

Durga

Durga vereint alle Formen der göttlichen Mutter in sich. *Als Tridevi-Shakti* personifiziert sie die drei Hauptaspekte der weiblichen Kraft: Sarasvati, Lakshmi und Kali. Einzelheiten zu Form und Farbentsprechung ihres Yantra sind in dem ihr gewidmeten Kapitel (siehe Seite 29 f.) nachzulesen.

Nach meinem Empfinden ist ihre Verehrung eng mit der Reinigungstechnik *Tratak* verbunden. Wir erkennen sie in der Konzentration auf das Eine und in der Erfahrung des Einen in allem.

Das Mantra zur Verehrung von Durgas siegreicher Natur im Kampf gegen den Egoismus, Eigennutz und die damit verbundenen trennenden und Zwietracht säenden Kräfte auf den verschiedenen Ebenen ist das *Navakshari-* oder Neun-Silben-Mantra:

ऐं ह्रीं क्लीं चमुण्डायै विच्चै ॥

„Aim Hrīm Klīm Chamundayai Vichchai"

„Aim" ist die Klangsilbe für Sarasvati (die Shakti von Brahma). Sie repräsentiert *Dharma* (Prinzipien und Ideale).

„Hrīm" ist die Klangsilbe für Mahalakshmi (die Shakti von Vishnu). Sie repräsentiert *Artha* (Wohlstand, Glück und Gedeihen).

„Klīm" ist die Klangsilbe für Mahakali (die Shakti von Shiva). Sie repräsentiert *Kama* (Erfüllung von Verlangen).

„Chamundayai" beschreibt Durga in ihrer Form als Chamunda und „Vichchai" bedeutet Sieg.

Das *Dasakshari-* oder Zehn-Silben-Mantra ist das gleiche Mantra, hat aber die Klangsilbe „Om" zu Beginn. „Om" entspricht Mahesvari, der großen Göttin. Sie repräsentiert *Ayana* (das Ziel) und somit auch die Befreiung aus dem Kreislauf des Karma.

Das Durga-Beese-Yantra ist sehr gebräuchlich für die Fokussierung ihrer Kraft und veranschaulicht dieses Mantra. Es gilt auch als das Hauptmantra für die Göttin in ihren verschiedenen Aspekten und verdeutlicht die Einheit.

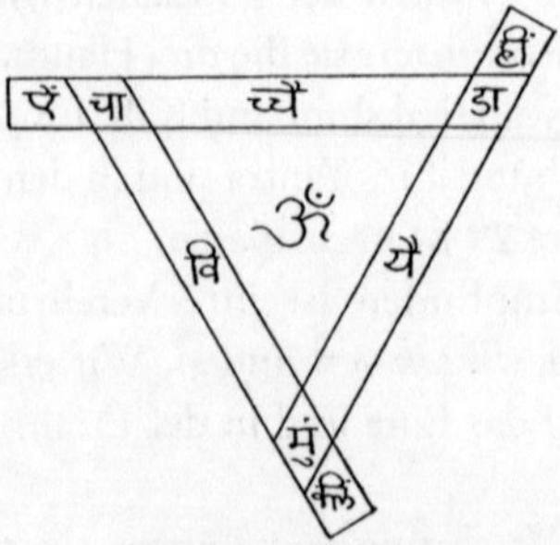

Durga-Beese-Yantra

Weitere Mantras für Durga sind:
ॐ दुं दुर्गयै नमः
„Om Dum Durgayai Namah"
Durgas Gayatri-Mantra verleiht Sieg über Hindernisse, Feinde, Schmerz und Leid:

ॐ गिरिजायै विद्महे
शिवप्रियायै धीमहि
तन्नो दुर्गा प्रजोदयात् ॥
„Om giri jayai vidmahe śivpriyayai dhimahi tanno durga prachodayat"

Die folgende Abbildung veranschaulicht die Anordnung dieses Mantra in ihrem Yantra.

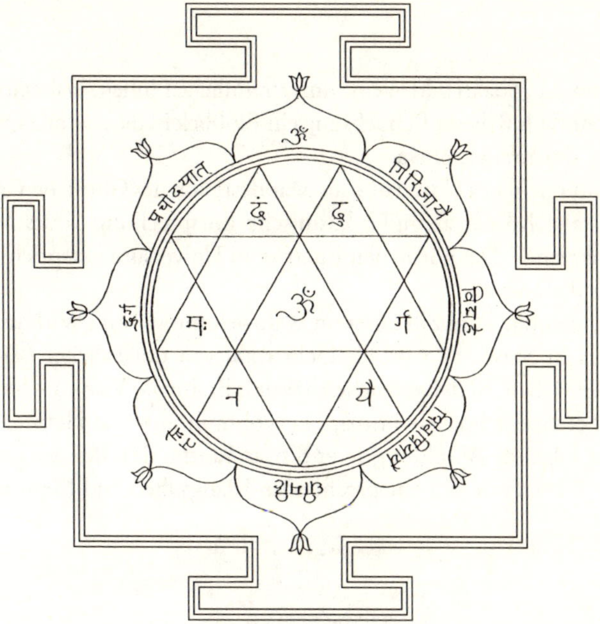

Durga-Gayatri-Yantra

Shiva

Shiva und Shakti bilden eine unzertrennliche Einheit. Daher folgt als Abschluß dieser Betrachtung ein Einblick in die zentrale Qualität des Kreises, Shiva.

Tantra sieht das Universum als Manifestation des Göttlichen und unseren Körper als mikrokosmische Entsprechung dieses Makrokosmos. Der göttlichen Energie im Universum entspricht in uns das Selbst.

Der zentrale Punkt in unserem Wahrnehmungs- und Wirkungskreis ist Shiva. Er wird als Lichtstrahl von unendlicher Länge beschrieben. In der göttlichen Trinität Brahma – Vishnu – Shiva gilt er als das höchste Prinzip. Er wohnt in unserem Herzen.

Die folgende Abbildung zeigt Shivas Yantra, das *Mahamrtyunjay-Yantra,* mit den entsprechenden Klangsilben und Mantras.

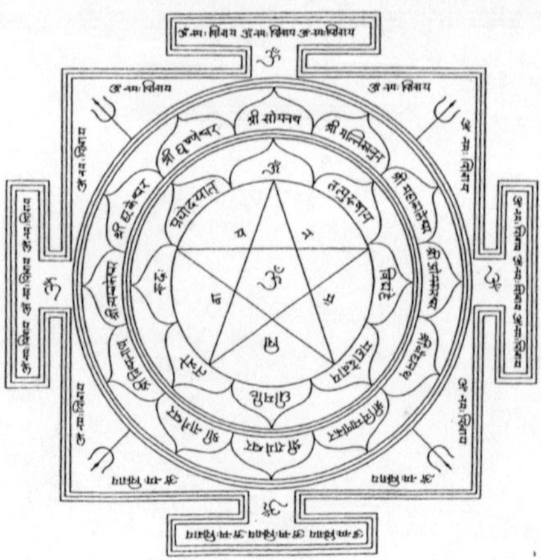

Mahamrtyunjay-Yantra

Wie ein Mensch im Zentrum des kosmischen Raumes steht der fünfzackige Stern im inneren Raum des Shiva-Yantra. Das Fünfeck oder Pentagramm ist ein sehr mächtiges Symbol. Wie in dem Kapitel „Geometrie und Astrologie“ (siehe Seite 113 f.) veranschaulicht, beschreibt dieses Symbol am Himmel die Beziehung der Planeten Sonne und Venus. Es wird aber auch zur Veranschaulichung der feinstofflichen Energieströme im menschlichen Körper genutzt und zeigt die Harmonie (Venus) der verschiedenen Qualitäten von Lebensenergie (Sonne) in uns. Die tibetische und die chinesische Medizin arbeiten auf der Basis dieses Symbols.
Im Shiva-Yantra entspricht das Fünf-Silben-Mantra, das *Panchakshara-Mantra,* diesem Symbol. Es ist das Hauptmantra für Shiva:

ॐ नमः शिवाय ॥
„Om namah Shivaya“

„Om“ befindet sich im Zentrum und beschreibt in seiner dreifachen Strahlung Sein-Bewußtsein-Glückseligkeit *(Sat-Chit-Ananda).* „Namah shivaya“ beschreibt die Hingabe und die Verneigung vor Shiva.
Dieser fünfzackige Stern wird von einem achtblättrigen Blütenkreis umgeben. Hier befindet sich das *Rudra-Gayatri-Mantra:*

ॐ तत्पुरुषाय
विद्महे महादेवाय
धीमहि तन्नो रुद्रः प्रचोदयात् ॥

„Om tat purushaya
vidmahe mahadevaya
dhimahi tanno rudra prachodayat“

was in der Übersetzung lautet:

„Realisiere Purusha (Shiva im Herzen)
Meditiere über Mahadeva (den großen Gott)
Möge Rudra dich vorantreiben“

Rudra repräsentiert den zerstörenden Aspekt Shivas. Er zerstört Fehlverhalten und Leiden und schenkt Glück und Gedeihen. Er wird als Mahadeva, der große Gott, beschrieben, denn nur ein Rudra kann mit seiner Kraft die ganze Welt regieren.
So wie die Sonne vor dem Hintergrund der zwölf Tierkreiszeichen erscheint, stellen die zwölf äußeren Blütenblätter des Yantra die zwölf Strahlen Shivas dar und werden hier durch die Namen der zwölf *Jyotirlingas* (zwölf Shivatempel in Indien) repräsentiert.
Wie die Göttin hat auch Shiva viele Namen. Als *Tripurari* zerstörte er drei Städte *(Tripuras)* der Dämonen *(Asuras).* Diese Städte waren aus Gold, Silber und Eisen und von *Maya,* der Illusion, erbaut. Die Asuras unterdrückten allen Glauben und fühlten sich in ihren drei Städten geschützt. In seiner zerstörerischen Form bedeckte Shiva alle drei Reiche (Bhuh, Bhuvah und Swah) und zerstörte diese Welten.
Da Shiva die Kraft der ursprünglichen Shakti in sich trägt, brach diese *Adi-Shakti* aus seinem Herzen hervor. Sie wird als Shivas *Maya* beschrieben und als die Klangsilbe „Hrīm" verstanden. Das ganze Universum war von dieser Shakti erfüllt. Da es die drei Welten oder *Tripuras* einnimmt, wird sie auch *Tripura-Shakti* genannt, die in der Darstellung des Shri-Yantra zu betrachten ist. Das Shri-Yantra lehrt, daß alles, was wir erfahren und was uns begegnet, der Klang unseres eigenen Herzens ist.

Nachwort

Geheimnisvoll wirken die Erscheinungen in der Welt auf uns ein und kommunizieren mit uns über ihre Farben und Formen. Diese Sprache zu verstehen und Anwendungsmöglichkeiten dieser Kräfte zu finden, beschäftigt mich schon seit vielen Jahren und hat mich auf verschiedene Wege geführt. Das Malmaterial war dabei ein treuer Begleiter und oftmals mein einziger Gesprächspartner und Ratgeber. Als solide Basis auf diesem Weg erwies sich die Ausbildung zur Diplom-Kunsttherapeutin und -Pädagogin.
Auf der Suche nach einer ursprünglichen Anwendung von Kunst zur Heilung und Selbsterkenntnis rückte jedoch die tantrische Sichtweise des Menschen in seiner Beziehung zum Universum immer mehr in den Vordergrund. Diese verdeutlichte die symbolische Kraft des Bildes als Mittel zur Erfahrung der Einheit von Mikrokosmos und Makrokosmos und zur Verwirklichung der eigenen Mitte in Harmonie mit dem Weltgeschehen.
Ich begann zunächst mit dem Studium der Indologie und Tibetologie, stellte aber bald fest, daß ich die tantrische Tradition lebendig entdecken wollte. So folgten viele Reisen in den Himalaya. Ich wanderte Pilgerstrecken ab, besuchte Asketen und Ashrams. Ein Jahr volontierte ich in den tibetischen Medizin- und Astrologie-Instituten von Kathmandu und Dharamsala. Um den eigenen Körper und die Zirkulation der Energieströme besser zu begreifen, befaßte ich mich mit Shiatsu und begann eine Ausbildung in Yoga.
Durch die Auseinandersetzung mit dem Thema der Göttin, in ihrer Eigenschaft als Mutter aller Formen, erhoffte ich mir ein besseres Verständnis im Umgang mit dem Bild und seiner Wirkung. Das Interesse für die Betrachtung ihrer verschiedenen Weisheitsformen und ihrer Kraft wurde auch geschürt durch meine

damalige Situation, die sich als eine äußerst dunkle Phase darstellte. Da sich kein Weg aus dieser Krise von Traurigkeit zeigte, schien mir eine Beschäftigung mit der Göttin interessant – auch als Orientierung für meine persönliche Rolle als Frau und Mutter. Bezeichnenderweise waren diese Ereignisse zeitgleich mit dem Transit des Planeten Saturn über den Punkt des Mondstandes zu meiner Geburtszeit. Auch die Fortschritte im Verständnis der durch die Göttin beschriebenen Qualität zeigten Parallelen in Planetenkonstellationen. So erfolgte zum Beispiel die Belehrung zu den Klangentsprechungen des Shri-Yantra durch eine zufällige Begegnung, exakt zum Zeitpunkt einer totalen Sonnenfinsternis. Diese Konjunktion von Sonne und Mond aspektierte den Punkt, auf dem sich mein Merkur zur Geburtszeit befand.

Da die Eklipse in diesem Erdteil nicht sichtbar war, entdeckte ich diese Zusammenhänge auch erst später. Jene kurze, aber intensive Begegnung bewirkte einen eindeutigen Schub im Verständnis der Göttin. In den folgenden Tagen arbeitete ich die erfahrene Belehrung aus, wobei sich das Shri-Yantra als erstaunlich lebendige Form zeigte und der Mond mit jedem Tag heller wurde. Mir wurde bewußt, daß Situationen des Alltags, psychische Zustände, Planetenkonstellationen und die Erscheinungsformen der Göttin in einem direkten Zusammenhang stehen. Das kreative Spiel der Göttin zeigt sich auf verschiedenen Ebenen und wird durch die Betrachtung Lalitas in seiner Einheit verständlich.

Das tantrische Konzept der Weiblichkeit ist nicht nur ein interessantes philosophisch-theoretisches Modell, sondern in der Tat ein symbolisches Werkzeug, dessen Kraft sich entfaltet, wenn wir uns ohne Erwartung und mit Hingabe seiner Form zuwenden. Erwartungen und persönliche Vorstellungen hindern uns daran, offen zu sein und bewirken, daß die inspirierende Kraft uns nicht erreichen kann. Diese positive Wirkung kann so nicht nur blockiert werden, sondern auch in das Gegenteil umschla-

gen. Egoistisch gerichteter Wille und Erwartungsgier erzeugen ein negatives Wirkungsfeld.
Das Shri-Yantra zu malen stellt eine gute Möglichkeit dar, sich der Form zu öffnen und sich in Konzentration und Hingabe zu üben. Nach der Aussage des Pandit Sharma ist es wichtig, die Zeichnung jedesmal neu zu konstruieren. Als ein Symbol der kreativen Energie kann es auch nur als solches wirken, wenn es immer neu kreiert wird. Auf diese Weise wird jede Konstruktion zu einem neuen Erlebnis, enthüllt eine neue Seite der Betrachtung und inspiriert mit neuen Ideen.
Mit zunehmender Perfektion in der Konstruktion wird auch unser Leben immer perfekter werden. Aus meiner eigenen Erfahrung in der Zeit der Auseinandersetzung mit der Konstruktion kann ich bestätigen, daß sich die Dinge äußerst günstig und stimmig zeigten und weiterentwickelt haben.
Nach meiner Beobachtung besteht die Perfektion nicht unbedingt in Reichtum und Ruhm, sondern liegt in der Erfahrung der Ereignisse als einer Einheit und in der Betrachtung der Welt in tiefer Freude an dieser Schönheit – der Schönheit der drei Welten, Tripura Sundari.
An Erfahrungsberichten im Umgang mit den Yantras bin ich sehr interessiert. Bei Interesse an Originalzeichnungen (DIN A3) sowie für weitere Informationen über Seminare wenden Sie sich bitte an :

www.reisen-zur-quelle.de
Eva Maria Kiefer
Maulbeerweg 8
34346 Hann.-Münden

Ganesha

Anhang

Ganesha

Ganesha wird als Gott der Weisheit oder Herr der Existenz betrachtet. Er ist der Sohn von Shiva und Parvati und gilt als eine Art Verwalter, der Einlaß zu ihnen gewährt.
Der Mythos berichtet, wie Parvati aus ihrem Körper einen jungen Mann formte, der als Wächter für ihre Gemächer dienen sollte. Er verwehrte jedem den Einlaß – selbst Shiva. Shiva duldete dies nicht und schlug ihm den Kopf ab. Daraufhin war Parvati verärgert. Um sie zu besänftigen, suchten die Götter nach einem neuen Kopf und fanden den eines Elefanten. In dieser Gestalt erhielt er seinen Platz und Anerkennung in der Götterwelt und bekam den Titel „Ganesha".
Traditionell findet er Verehrung zu Beginn einer Unternehmung, wie zum Beispiel vor tantrischen Ritualen, aber auch, bevor eine Reise angetreten oder mit dem Schreiben eines Buches begonnen wird.
Dem normalen Verstand fällt es schwer, eine Erscheinung wie Ganesha als Gott zu betrachten und zu verehren. Genau darin liegt sein machtvoller Einfluß. Durch die Verehrung und Hingabe an ihn wird der rationale Verstand beherrscht, und die daraus resultierenden Zweifel werden als größte Hindernisse beseitigt.
Ganesha wird gelb oder rot beschrieben. Seine Fettleibigkeit beinhaltet das ganze Universum. Mit der Axt durchschneidet er die Anhaftung an die weltlichen Angelegenheiten, und mit dem Seil bindet er uns an die Wahrheit. Sein Rüssel beseitigt die Hindernisse auf dem Weg. Sein Fahrzeug oder Reittier ist die Ratte. Sie ist wendig und erlaubt ihm, durch die kleinsten Löcher zu schlüpfen und sein Ziel zu erreichen.

Anmerkungen zu den Abbildungen

Seite 12: Der Punkt ist ein sehr kraftvolles Symbol. Als Meditationssymbol repräsentiert er *Bindu,* das Zentrum des Yantra. Wem der Punkt ausreicht, braucht kein anderes Bild für die Meditation. Die Betrachtung des Nachbildes, wie auf Seite 36 f. beschrieben, zeigt einen Lichtpunkt wie ein kleiner Stern, der es erleichtert, die Konzentration zu halten.
Seite 20: Diese Zeichnung zeigt die Südseite des Berges Nandakunti. Seine Gestalt voranschaulicht die Beschreibung der Qualität Shivas als Berg oder als ein mit der Spitze nach oben gerichtetes Dreieck und Shakti als Tal oder Wasser beschrieben und dargestellt durch ein mit der Spitze nach unten gerichtetes Dreieck.
Seite 23: Diese Zeichnung zeigt Shiva und Shakti über den Spitzen und Tälern der Berge tanzend, nach einer Vorlage von Harish Johari*[1].
Seite 26: In der Farbgebung des Navayoni-Chakra sind die Flächen der Dreiecke weiß; die Umrandung, die das Yantra hier sichtbar werden läßt, ist rot. Weiß repräsentiert den männlichen Samen und Rot das Weibliche. Den Hintergrund bildet ein blaues Meer mit wogenden Wellen (Zeichnung nach einem Yantra aus „Das große Yantra-Buch"*[15]).
Seite 28: Diese Zeichnung richtet sich nach den traditionellen, in Indien auch heute noch gebräuchlichen Darstellungen der Göttin Durga.
Seite 32: Das Durga-Yantra richtet sich in seiner Form- und Farbbeschreibung nach S. Rath und H. Johari.
Seite 44 – 94: Die Zeichnungen der zehn Mahavidyas sind durch die Betrachtung verschiedener Darstellungsformen und über die Beschreibungen ihrer Meditationsformen entstanden. Die Zeichnungen der Yantras sind entstanden durch eine vergleichende Betrachtung der Vorlagen von H. Johari*[1] , S. Shankaranarayanan*[8], D. Frawley*[10] und M. Khanna*[15]. S. Shankaranarayanan sowie die „Bihar School of Yoga" beschreiben das Kali-Yantra im Zentrum mit fünf übereinanderliegenden Dreiecken und ohne großes Dreieck im Hintergrund.
Seite 95: Diese Darstellung bezieht sich auf den Ursprung der Göttinnen. Im Streit mit Shiva verwandelt sich Sati in ihren furchterregenden Aspekt, Kali. Als Shiva versucht, ihrem entsetzlichen Erscheinungsbild zu entfliehen, erfüllt Kali in ihrer Machtvollkommenheit die vier Himmelsgegenden in den zehn Richtungen mit ihren zehn Energien. Sie

sind der Ausdruck der Lebenszyklen auf allen Existenzebenen. Diese zehn Aspekte umfassen das ganze Wissen des Universums.
Diese Aufteilung der Mahavidyas in Himmelsrichtungen bezieht sich auf J. Woodroffes Beschreibung *[13] und ist wie folgt zu verstehen: Shiva im Zentrum sind wir selbst; Kali ist vor uns, Tara über uns, und Bhairavi bildet die Basis.
Seite 106 – 107: Wasser-Klang-Bilder von Alexander Lauterwasser, mit der Technik von Audio-Labor Lua (Tonhöhe 35,1 Hz und 34,3 Hz).
Seite 110: Diese Zeichnung richtet sich nach der Beschreibung des *Saundarya-Lahari* *[12].
Seite 122: Die kleinen Dreiecke, die sich durch die Überschneidung der großen Dreiecke ergeben, sind hier ausgemalt. Auf diese Weise läßt sich ihre Anordnung und die kristalline Struktur des Yantra besser erkennen. Die farbliche Darstellung des Shri-Yantra geschieht in der gleichen Weise, jedoch findet im Hinblick auf die unterschiedlichen Betrachtungsmöglichkeiten auch eine unterschiedliche Farbgebung statt.
Seite 127: Diese Darstellung der Yantras zu den Chakras ist allgemein gebräuchlich. Es zeigen sich jedoch Unterschiede bei der Gestaltung des Sahasrara-Chakra. Diese Form hier richtet sich nach der Vorlage der „Bihar School of Yoga". Die Anordnung der Blütenblätter korrespondiert in erstaunlicher Weise mit dem Klangbild in einem Wassertropfen bei der Tonhöhe von 102,528 Hz.
Seite 134: Die Gestalt des *Papa Purusha* ist entstanden nach einer Vorlage von S. S. Saraswati*[4] und Beschreibungen von S. Rath*[9].
Seite 136: Die Symbole für die Elemente im Körper sind nach Vorlagen von S. S. Saraswati*[4] und S. Rath*[9] entstanden.
Seite 141: Diese Zeichnung richtet sich nach der traditionellen Darstellung von Shiva und Shakti in ihrer Einheit als *Ardhanareshwar.* In den gebräuchlichen Abbildungen wird die Gottheit vor dem Hintergrund der Schneeberge dargestellt. Auf Shivas Seite befindet sich sein Reittier, der Bulle. Auf Parvatis Seite ist ihr Tier, der Löwe.
Seite 146: „... Beobachte den Atem, fühle den Fluß, und laß dich tragen wie ein Lotos auf dem Wasser. Richte die Achtsamkeit auf den dunklen Raum hinter den geschlossenen Augen. Gleite hinein und fühle ihn rings um dich. Beobachte diesen inneren Raum und erforsche ihn. Wie fühlt es sich dort an? Ist es warm oder kalt, eng oder weit? ..."

Diese Passage aus einer geführten Meditation schildert den Bereich des Übergangs von der Atembetrachtung zum inneren Bilderleben. Aus dem Erleben dieser Situation entstand diese Zeichnung. Das Motiv symbolisiert für mich den Übergang von der oberflächlichen Atembetrachtung zum inneren Erleben, das hier noch im Dunkeln liegt.

Seite 149: Diese Zeichnung von Shiva richtet sich nach den traditionellen Darstellungsformen, in denen er vor dem Hintergrund der Eisberge sitzt und sein Reittier, der Bulle, neben ihm grast.

Seite 150 – 154: Die Darstellung sowie auch die Beschreibung der Meditationshaltungen und Mudras orientieren sich nach den Anleitungen von S. S. Saraswati *[5], [6].

Seite 230: Ganesha, der Sohn der Göttin. Zeichnung nach traditionellen Darstellungsvorlagen.

Anmerkungen zum Text

1. In den Tantras sind Asanas, Pranayama, Tratak, Yoga Nidra usw. beschrieben*[5]. Eine kurze Darstellung von Yoga befindet sich auf Seite 142 f..
2. Ein gebräuchliches Symbol, das die Vereinigung von Shiva und Shakti darstellt, ist „Yoni-Lingam" oder „Shiva-Lingam". Dabei handelt es sich um einen stehenden Stein (Shiva-Lingam), der in einem Ring (Shakti-Yoni) plaziert ist.
3. Dies erinnert an das bekannteste Mantra des tantrischen Buddhismus in Tibet: *Om mani padme hum* – „Om, der Juwel im Lotos des Herzens". Die Verehrung von Tara ist sowohl in Tibet als auch in Indonesien verbreitet. S. Shankaranarayanan vermutet, daß die Göttin sowohl für die Reise über die Berge als auch zur Überquerung des Meeres als Führerin und Beschützerin verehrt wurde.
4. Die Wurzeln der Sinneseindrücke sind die *Tanmatras,* die in dem Kapitel über das Shri-Yantra (Seite 123 f. und bei den Chakras (Seite 158/160) betrachtet werden.
5. Die neun Hindernisse des Geistes sind: Krankheit, Unfähigkeit, Täuschung, Zweifel, Verklärung, Faulheit, Nicht-Enthaltsamkeit,

Nicht-Erreichen einer yogischen Stufe, Nicht-Verweilenkönnen auf einer yogischen Ebene.

6. Von dem Aspekt der Transformation aus gesehen, steht Chinnamasta in enger Beziehung zu der Energie von Kali. Die kriegerische und feurige Natur entspricht der Energie von Bhairavi und dem Bezug zu den Wurzeln.
7. Chinnamasta wird auch als Shakti des Gottes Indra gesehen. Er befreite das Wasser aus dem Himmel, so wie Blitz und Donner den Wolkenbruch begleiten. Sein Emblem ist der *Vajra,* der „Donnerkeil". Im Schöpfungsprozeß ist Chinnamastas Rolle vergleichbar mit dem Durchtrennen der Nabelschnur. Sie hilft bei Kundalini-Yoga und in der Meditation als die von den körperlichen Vorgängen lösende Kraft. Auf diese Weise ermöglicht sie eine neutrale Betrachtung der Vorgänge.
8. Diese drei Nadis werden im Zusammenhang mit den Chakras noch näher betrachtet. Sie symbolisieren auch drei große indische Flüsse: Ida = Ganges, Pingala = Jamuna und Sushumna = Sarasvati.
9. Sattva, Rajas und Tamas beschreiben die drei Qualitäten der Natur. Siehe dazu das Kapitel „Die Elemente im Schöpfungsprozeß", Seite 130 f.
10. Vishnu wird auch *Pitambara* genannt – „der, welcher gelbe Kleider trägt".
11. Die Göttin verkörpert den Deszendent – das, was wir als Gegenüber empfinden – und zeigt somit unsere Projektionen. Solange ihr Schleier nicht beseitigt ist, erscheint es als das „Andere".
12. Diese Aussage stammt von der Firma Vedasan GmbH. Sie nutzt das Shri-Yantra in ihrem Konzept zur Harmonisierung der Raumenergien und empfiehlt, das Yantra im Nordosten des Hauses oder Zimmers aufzuhängen.
13. Jeder Atem wird durch die Planeten und ihre zu- und abnehmende Kraft beeinflußt. Aus tantrischer Sicht entstehen dadurch Gifte, die sich im Körper ansammeln. Der Nektar wird befreit, wenn Sonnen- und Mondmandala verschmelzen und man „Hamsa" erreicht.

   Hamsa bedeutet „der Schwan". Er ist das Tier oder Fahrzeug von Brahma, dem Schöpfer. Dies bezieht sich auch auf das Mantra des Atems „So-ham – Ham-so" und auf den Fluß der beiden Atemströme und ihre Qualitäten von Sonne und Mond. Mehr hierzu findet sich in dem Kapitel über den Atem (siehe Seite 155 f.).

14. Diese Zusammenhänge sind in der Übersicht über die Chakras (siehe Seite 158/159) dargestellt.
15. Aus meiner persönlichen Erfahrung ergibt sich aus der Vorstellung von sich selbst als reines Wissen unwillkürlich ein Überrest – ein mehr oder weniger großer Teil, der damit nicht übereinstimmt und einfach nicht in diese Reinheit paßt. Durch die Figur von Papa Purusha findet diese diffuse Ansammlung einen zusammenfassenden Begriff.
16. Eine ausführliche Erklärung und Beschreibung zur Anwendung der kreativen Imagination auf der Basis von Yoga findet sich in dem Buch „Yoga Nidra"*[7].
17. Zum Swastika-Symbol siehe Abbildung auf Seite 102.
18. Ein erfahrener Yogi ist in der Lage, die Energie des vorherrschenden Elementes über den Atem zu erkennen. Bei der Anfertigung eines Yantra ist unter anderem auch das im Moment aktive Element ausschlaggebend für die Energie und Wirkung des Yantra. Eine genaue Beschreibung hierzu gibt H. Johari*[1]. Die Basis hierfür bildet die Erforschung und Beobachtung des Atems.
19. Traditionell werden bestimmte Zeiten und Umstände als günstig und andere als weniger wirkungsvoll beschrieben. Der Mondmonat und die Phasen des Mondes sind hierfür wichtig. Eine Zusammenstellung dieser Faktoren ist in Arbeit, doch um im spielerischen Umgang mit Farbe und Form ihre Qualitäten zu entdecken, ist dies sicherlich auch bereits jetzt möglich.

Quellenangaben

*1 Harish Johari: Tools for Tantra. Destiny Books/Inner Traditions, Rochester 1986

*2 Swami Shri Yukteshwar Giri: The Holy Science. Yogoda Satsanga Society of India, Calcutta (dt. „Die Heilige Wissenschaft". O.W. Barth Verlag; bearb. Neuaufl. Bern-München 1984)

*3 Swami Satyananda Saraswati: Kundalini Tantra

*4 ders.: Tattva Shuddhi

*5 ders.: Meditations from the Tantras

*6 ders.: Asana, Pranayama, Mudra, Bandha

*7 ders.: Yoga Nidra publ. by Bihar Yoga Bharati, Munger/Bihar (India) und Ananda Verlag, Köln

*8 S. Shankaranarayanan: The ten great cosmic powers. Samata Books & Sri Mira Trust, Chennai (India) 1996

*9 Sanjay Rath: Vedic Remedies in Astrology. Sagar Publications, Delhi 2000

*10 David Frawley: Tantric Yoga and the Wisdom Goddesses. Motilal Barnarsidass Publishers, Delhi 1996 (amerik. Ausg. bei Passage Press, Salt Lake City 1994f.)

*11 David R. Kinsley: The ten Mahavidyas; tantric Visions of the Divine Feminine. Motial Barnarsidass Publishers, Delhi (dt. „Indische Göttinnen; weibliche Gottheiten im Hinduismus". Insel Verlag, Frankfurt 1990)

*12 S. Subrahmanya Sastri: Saundarya-Lahari. The Theosophical Publishing House, Madras (India) 1992

*13 John Woodroffe: Principles of Tantra (Tantra Tattva). Ganesh & Co, Madras (India) 1978

*14 Swami Sivapriyananda: Secret power of tantric breathing; Shakti Malik. Abhinav Publications, Delhi 1996

*15 Madhu Khanna: Yantra – the Tantric Symbol of Unity. Thames and Hudson, London 1979 (dt. „Das große Yantra-Buch". Aurum Verlag, Freiburg i.Br., 1980)

*16 Philip Rawson: The Art of Tantra. Thames and Hudson, London 1973

Da es sich bei den Quellen fast ausschließlich um englische Literatur handelt, sind keine direkten Zitate übernommen. Es handelt sich um freie Übersetzungen.

Die Erläuterungen der Sanskrit-Begriffe (siehe auch Glossar ab Seite 238) sowie Anregungen zur Meditation in Verbindung mit den Göttinnen richten sich nach Beschreibungen von S. Shankaranarayanan.

Die astrologischen Beziehungen der Göttin sowie die Reinigung der Elemente beziehen sich auf Angaben von Sanjay Rath.

David Frawley beschreibt die Anwendung der Meditationsformen der Göttinnen im ayurvedischen System.

Die Beschreibungen der Meditationen und Meditationshaltungen sowie die Angaben zu den Chakras beziehen sich auf die Lehre der „Bihar School of Yoga", Swami Satyananda Saraswati.

David R. Kinsley beschreibt viele Mythen zu den Göttinnen. In Harish Joharis Werk finden sich die Yantras der Göttinnen in ihren Farbentsprechungen, und er verdeutlicht den traditionellen tantrischen Weg des Rituals.

Die Beschreibungen der Nityas sowie die Gestaltung dieser Yantras beziehen sich auf Übersetzungen aus dem *Tantraraja-Tantra* von Mike Magee und auf Angaben von Madhu Khanna*[15].

Glossar der Sanskrit-Begriffe

Ahamkara: das Ich-Bewußtsein, Ego oder die Illusion eines von der Welt getrennten Selbst

Akasha: der Raum der Entstehung, das Element Äther

Ananda: Glückseligkeit

Asana: die Körperhaltungen und Positionen in Yoga; beschreibt aber auch die Unterlage, auf der man sitzt

Bindu: zentraler Punkt im Yantra; im Inneren der Punkt der Konzentration, wo Außen-und Innenwelt sich vereinen

Brahma: ein Aspekt der göttlichen Trinität; verkörpert das schöpferische Prinzip

Buddhi: Intellekt

Chakra: Rad; als Chakras werden die feinstofflichen Energiezentren des menschlichen Körpers beschrieben

Chitta: Sein, Bewußtsein

Devanagari: die Schrift der Götter; Sanskrit und Hindi werden in Devanagari geschrieben

Dharana: Konzentration

Dharma: Prinzipien, Ideale

Dhatu: Metall; die fünf körperlichen Dhatus sind die Substanzen des Körpers (Fleisch, Fett, Knochen, Mark und Blut)

Dhyana: Meditation

Guna: die drei Gunas beschreiben die Grundeigenschaften der Natur: *Tamas* = träge, schwer, dunkel; *Rajas* = aktiv, bewegt; *Sattva* = rein, geistig, licht

Gyanendriya: fünf Wahrnehmungstore bilden die Verbindung von Innen- und Außenwelt: Hören, Fühlen, Sehen, Schmecken und Riechen

Ichcha: Wille

Ida: feinstofflicher Energiekanal, der im linken Nasenloch mündet und mit der reflektierenden Eigenschaft des Mondes und der rechten Gehirnhälfte korrespondiert

Jnana: Wissen

Jyotish: Wissenschaft vom Licht, die vedische Astrologie
Kala: kāla: Zeit oder Tod; kalā: der Strahl
Kama: der Gott der Liebe
Kapha: eines der *Tridoshas;* beschreibt die wäßrige Energie im Körper
Karma: die Wirkung des eigenen Handelns
Karmendriya: die fünf Handlungsorgane des Körpers: Mund, Hände, Füße, Genitalien und Ausscheidungsorgane
Kriya: Handlung
Kundalini: die Schlangenkraft, das persönliche, weibliche kreative Energiepotential
Lingam: Phallus, Symbol der männlichen kosmischen Energie; Shivas Lingam wird als zentraler Lichtstrahl von unendlicher Länge beschrieben. Siehe auch unter *Yoni*
Maha: „groß"; *Mahavidya* = „große Weisheiten"
Mahat: kosmische Intelligenz, der neutrale Beobachter
Manas: Geist, die Gedanken
Mantra: Keimsilben oder Worte der Kraft; werden zur Heilung und zur spirituellen Entwicklung genutzt
Nadi: Energiekanäle des feinstofflichen Körpers
Niyama: Disziplinen und Prinzipien eines Yogi
Pingala: feinstofflicher Energiekanal, der im rechten Nasenloch mündet und mit der solaren aktiven Eigenschaft der linken Gehirnhälfte korrespondiert
Pitta: eines der *Tridoshas;* beschreibt die feurige und erhitzende Energie im Körper
Prakriti: die ursprüngliche Natur
Prana: Lebenskraft; Energie, die mit dem Atem in Verbindung steht
Pranayama: Atemkontrolle oder Beherrschung von Prana
Pratyahara: Rückzug der Sinne von den äußeren Eindrücken, Beherrschung der Sinneswahrnehmung
Purusha: das Selbst
Rajas: siehe unter *Guna*
Sadhana: spirituelle Übung
Samadhi: Versenkung, die zum Zustand der Vereinigung führt
Sat: Wahrheit
Sattva: siehe unter *Gunas*
Shakti: die Göttin; weibliche Kraft und Energie
Shiva: der Gott; in der göttlichen Trinität repräsentiert er das zerstörerische Prinzip; verkörpert Frieden und Transzendenz
Sushumna: zentraler feinstofflicher Energiekanal
Tamas: siehe unter *Guna*
Tanmatras: feine Elemente in der Form, wie sie auf die Sinne wirken
Tantra: eine alte ganzheitliche Wissenschaft, welche die Untersuchung der Gesetzmäßigkeiten des Universums durch den persönlichen Standpunkt beschreibt

Tantras: Bücher und alte Schriften, welche die verschiedenen Praktiken und das tantrische Wissen beinhalten

Tapas: Disziplin oder Opfer zur Erreichung einer bestimmten Zielsetzung

Tattvas: kosmische Grundprinzipien

Tratak: Reinigungsübung aus dem Hatha-Yoga

Tridosha: die Tridoshas Vata, Pitta und Kapha beschreiben verschiedene Qualitäten der körperlichen Konstitution im ayurvedischen Medizinsystem

Trishul: Dreizack, das Emblem Shivas

Vata: eines der *Tridoshas,* entspricht der Körperenergie Luft

Vedanta: Philosophie der Selbsterkenntnis

Veden: Texte über das Selbst und das kosmische Wissen

Vidya: Weisheit

Vishnu: erhaltendes Prinzip in der göttlichen Trinität

Yama: der Totengott

Yamas: yogische Prinzipien des sozialen Verhaltens

Yantra: Meditationssymbol in geometrischer Darstellungsform; beschreibt innere Gesetzmäßigkeiten der Erscheinungswelt

Yoga: beschreibt den Weg zur Vereinigung. Es gibt verschiedene Formen von Yoga:
- *Hatha-Yoga,* umfaßt körperliche Übungen
- *Raja-Yoga,* der Weg der Meditation
- *Karma-Yoga,* der Weg der Arbeit und des selbstlosen Dienens
- *Bhakti-Yoga,* der Weg der Hingabe und der Liebe
- *Jnana-Yoga,* der Weg der Erkenntnis und des Verstehens (Wissens)

Yogi: ein Mensch, der den Weg des Yoga geht

Yoni: „Mutterschoß"; wird als Vulva beschrieben oder als Kreis dargestellt

Yoni-Lingam: repräsentiert die Vereinigung